빠빠라기

뻐뻐라기

초판 1쇄 발행 2009년 10월 16일
초판 6쇄 발행 2011년 9월 15일

글쓴이 | 투이아비
엮은이 | 에리히 쇼이어만
그린이 | 이지원
옮긴이 | 김완균
펴낸곳 | 해와나무
펴낸이 | 박선희
편집 | 방일권, 김소라
디자인 | 이안디자인
마케팅 | 이정원
제작·관리 | 황현종, 안주영
출판 등록 | 2004년 2월 14일 제312-2004-000006호
주소 | 서울특별시 서대문구 충정로 3가 466번지 유앤미A 상가 2층
전화 | (02)362-0938/7675 팩스 | (02)312-7675
ISBN 978-89-6268-034-8 43850

여름산은 해와나무의 청소년 도서 브랜드입니다.

* 값은 뒤표지에 있습니다.
* 해와나무 도서 판매 수익금의 일부는 한우리봉사단과 아름다운재단 등에 기부되어
  소외 아동과 청소년을 위해 사용됩니다.

남태평양의 티아베아 섬마을 추장, 투이아비의 연설문

빠빠라기

투이아비 지음 | 에리히 쇼이어만 엮음
이지원 그림 | 김완균 옮김

들어가는 글

투이아비 추장에게는 이 연설문*을 유럽 인들에게 알리거나 책으로 엮어 출간할 생각이 전혀 없었다. 이 글은 그가 폴리네시아에 살고 있는 자신의 형제들에게 들려줄 생각으로 쓴 것이기 때문이다. 하지만 나는 그가 자신의 형제들을 위해 작성한 이 연설문을 유럽의 독자들에게 소개하기로 마음먹었다. 그에게 알리지도 않았고, 더구나 그가 알았다면 분명 반대했으리라는 사실을 잘 알고 있었지만 말이다. 이 연설문은 아직까지도 자연과 밀접한 관계를 맺고 살아가는 사람들의 눈에 우리와 우리의 문화가 어떻게 비쳐지는지 알려 줄 것이기 때문이다. 그리고 이는 우리 백인들과 이른바 계몽된 사람들에게도 가치 있는 일이라 믿어 의심치 않기 때문이다.

투이아비 추장의 눈을 빌려 우리는 우리들 자신의 모습을 보게 된다. 우리들 스스로의 힘으로는 이제 다시는 가질 수 없을 그

---

* 남태평양의 티아베아 섬마을 투이아비 추장이 실제로 이 연설문에 근거해 연설을 한 적은 없다. 그는 단지 이 연설문의 초안을 그곳 원주민들의 언어로 작성했고, 나는 그것을 토대로 이 글을 처음으로 독일어로 옮겼다.

만의 관점을 통해서 말이다. 어쩌면 문명 예찬론자들은 그가 세상을 바라보는 방식이 어린아이 같다거나, 아니면 너무 유치하고 단순하다고 여길지도 모르겠다. 하지만 좀 더 이성적이고 겸손한 사람들이라면 투이아비 추장이 하는 말 가운데 많은 것들에 고개를 끄덕이고, 나아가 어쩔 수 없이 자기 자신을 돌아보게 될 것이 분명하다. 투이아비 추장의 지혜는 순박함에서 비롯된 것이며, 지식이나 학문이 아니라 신에게서 선사받은 것이기 때문이다.

투이아비 추장은 이 연설문을 통해 남태평양에 살고 있는 모든 형제들에게, 더도 말고 덜도 말고 유럽 대륙의 개화된 민족의 영향으로부터 벗어날 것을 호소하고 있다. 유럽을 경멸했던 그는 자신의 조상들이 유럽의 빛을 쬐며 행복해했던 게 가장 큰 실수였다고 확신했다. 마치 그 옛날 높다란 모래톱에 올라가 손에 든 종려나무 잎을 흔들며 최초의 백인 선교사들을 거부했던 파가사 섬의 처녀처럼 말이다. 그녀는 소리 높여 이렇게 외쳤다.

"썩 물러가라! 재앙을 불러오는 이 못된 악마들아!"

유럽을 찾아갔던 투이아비 추장 또한 그곳에서 모든 것을 파괴하는 시커먼 악마를 보았다. 그러고는 자신의 순수함을 지키고자 한다면 그 악마를 조심해야 한다고 생각했다.

투이아비를 처음 알게 되었을 때, 그는 사모아 군도에 속하는 작고 외딴 섬 우폴루의 마을 티아베아에서 유럽 세계와는 동떨어진 채 평화로이 살고 있었다. 그는 티아베아 마을을 다스리는 추장이었다. 내가 그에게서 받았던 첫인상은 덩치가 크고 우호적인 사람이라는 것이었다. 그의 키는 거의 2미터 가까이 되었고, 팔다리 또한 보기 드물 정도로 단단해 보였다. 하지만 목소리만큼은 몸집에 전혀 어울리지 않게 여자처럼 부드럽고 다정다감했다. 짙은 눈썹으로 덮여 있던, 그의 크고 검으며 그윽해 보이는 두 눈은 매혹적이면서도 왠지 모르게 완고해 보였다. 하지만 갑자기 말을 걸 때면, 이내 따뜻하게 빛나며 밝고 온화한 마음씨를 드러냈다.

그밖에 투이아비는 자신의 원주민 형제들과 아무런 차이도 없었다. 그는 카바 나무의 뿌리로 만든 사모아의 민속주 카바를 마셨고, 아침저녁으로는 전통 종교 제례인 로토에 참가했다. 바나나와 타로감자와 잼을 먹었으며, 그들만의 모든 관습과 풍속을 지키고 가꾸며 살았다. 그가 마치 꿈을 꾸듯 반쯤 감은 눈으로 방 안의 커다란 돗자리 위에 누워 있을 때면, 단지 그와 아주 가까운 사람들만이 그의 마음속에서 무엇인가가 끊임없이 용솟음치며 명확한 답을 찾고 있다는 걸 알아챌 수 있었다.

원주민들은 대부분 마치 어린아이처럼, 자기 자신이나 가깝고 먼 주위 환경에 대해 깊이 생각하지 않았다. 그들은 오직 감각적인 세계에서 현재라는 순간에만 몰입해 살아갔다. 하지만 투이아비는 달랐다. 그는 자신의 형제들과는 확연하게 구별되었다. 그는 다른 무엇보다도 우리 문명인들을 모든 원시 종족과 구별시켜 주는 내면의 힘, 곧 깨어 있는 정신을 지니고 있었기 때문이다.

아마도 그런 특별한 면 때문에 투이아비는 먼 유럽을 체험해 보고 싶다는 바람을 갖게 되었을지도 모른다. 그리고 마리스텐 선교 학교를 다닐 때부터 이미 가슴속에 품고 있었던 간절한 소망은 훗날 그가 어른이 되어서야 비로소 이루어졌다. 가능한 한 많은 것들을 보고 경험하기를 꿈꿨던 그는 당시 유럽 대륙을 순회하던 인종 박람회*의 일원이 되어, 유럽의 여러 나라를 차례로 방문했다. 그러고는 이들 나라의 예술과 문화에 관한 정확한 지식을 몸소 겪었다. 그는 특히나 쉽사리 눈에 띄지 않는 세세한 것들까지도 정확히 파악하고 있었고, 그런 사실을 알게 될 때마다 나는 여러 번 놀라곤 했다. 투이아비는 아무런 선입견 없이 객관적으로 대상을 바라볼 수 있는 탁월한 재능을 갖고 있었다. 그 어떤 것도 그의 눈을 현혹시키지 못했고, 그 어떠한 말도 그로 하여금 진실을 외면하게 만들지 못했다. 말하자면 그는 자기 자신의 삶의 토대를 떠나지 않으면서도, 대상 자체의 본질을 보았던 것이다.

* 19세기 후반에서 1930년대까지 유럽의 여러 나라에서는 아프리카 등지의 식민지 원주민들을 마치 동물원에서 동물을 보여 주듯 전시하는 사업이 성행했다. 이를 통해 유럽 인들은 자신들이 이른바 미개 인종에 대해 주장하던 상투적인 이미지와 표현들, 예를 들면 공격적이고 잔인하며 야만적인 식민지 원주민들의 모습을 확인하고자 했다. (옮긴이 주)

나는 그의 마을 공동체의 일원이었고, 거의 1년이 넘도록 그의 가까이에서 지냈다. 하지만 내 안에 깃들어 있던 유럽 인이라는 사실을, 투이아비가 완전히 극복하고 잊은 다음에야 나는 그와 친구가 될 수 있었다. 그리고 그때에서야 비로소 그는 내게 자신의 속마음을 열어 보였다. 투이아비는 마침내 내가 그의 소박한 지혜를 받아들일 마음의 준비가 되어 있고, 그의 지혜를 결코 비웃지 않을 것이라는 사실을 확신하게 되었다. 물론 나는 그의 지혜를 비웃은 적이 단 한 번도 없었다. 그런 다음에야 비로소 그는 내게 자신이 쓴 미완성 원고를 들려주었다. 별다른 감흥도 없이, 그리고 특별히 연설한다는 느낌도 없이, 그는 자신이 말하고자 하는 바가 마치 역사적인 사실이나 되는 것처럼 담담히 자신의 글을 읽어 주었다. 하지만 바로 그런 방식이 내게는 더욱 순수하고 분명하다는 느낌을 갖게 해 주었다. 나아가 그가 말한 바를 가슴속에 소중히 간직해야겠다는 바람을 품게 했다.

그러고도 한참이 지나서야 투이아비는 자신의 원고를 내 손에 건네주었다. 그러면서 그는 내가 그 원고를 독일어로 번역하는 것을 허락했다. 물론 번역 자체에는 그 어떤 목적도 없었다. 그의 의도는 단지 그러한 번역 작업을 통해 나로부터 개인적인 조언을 듣고 싶다는 것이었다. 그가 내게 건네준 연설문 원고들은 모두가 미완성 상태였다. 투이아비 또한 그렇게 생각하고 있었다.

하지만 언제고 그 원고들이 자신의 생각 속에서 완벽하게 정리되고 불분명한 곳 하나 없이 말끔해지면, 그는 폴리네시아에서 자칭 '선교 활동'을 시작하겠다고 마음먹고 있었다. 하지만 나는 그의 계획이 완성되기를 기다리지도 못한 채, 그곳 남태평양을 떠나와야 했다.

번역 작업을 하면서 나는 가능한 한 원전에 충실하고, 또 원고의 배열에도 손을 대지 않으려고 애를 썼다. 하지만 그럼에도 투이아비의 직관적인 말하기 방식, 다시 말해 생생하게 느껴지던 그의 숨결이 대부분 사라지고 말았다는 사실을 잘 알고 있다. 하지만 원시 언어를 독일어로 바꾸는 것, 그리고 그들 언어의 순박하고 단순한 표현들을 결코 진부하거나 우매하게 여겨지지 않게끔 옮긴다는 것은 진정 어려운 일이다. 아마도 이 같은 어려움을 알고 있는 분들이라면 그런 아쉬운 점들을 기꺼이 이해해 줄 것이다.

투이아비는 문화와 동떨어진 채, 바다 한가운데의 섬에서 살고 있었다. 그런 그의 눈에는 유럽 인들이 일궈 낸 모든 문명의 결실이 커다란 잘못이자 막다른 골목으로 비쳐졌다. 만일 그가 말하는 모든 것들에 겸손한 마음에서 우러나오는 경이로운 순박함이 깃들어 있지 않았다면, 그러한 그의 생각은 분명 오만하게 여겨졌을지도 모른다. 물론 그는 자신의 동족들에게 경고하는 가운데,

백인들의 유혹에 빠져들지 말 것을 호소하고 있다. 하지만 그런 그의 목소리에는 애처로움이 배어 있고, 그래서 이른바 '선교'를 꿈꾸는 그의 열정이 미움이 아니라 인간에 대한 사랑에서 비롯된 것임을 여실히 보여 준다.

우리가 마지막으로 만나던 날, 투이아비는 내게 말했다.

"그대들은 우리에게 빛을 가져다준다고 믿고 있습니다. 하지만 실제로는 우리를 그대들의 어둠 속으로 끌어들이려 하고 있습니다."

그는 어린아이와도 같은 진솔함과 정직함으로, 사물이나 살면서 마주치게 되는 모습들을 관찰한다. 그런 가운데 모순된 사실을 찾아내기도 하고, 뿌리 깊은 도덕이 결여되어 있음을 발견하기도 한다. 그리고 그처럼 부족한 것들을 일일이 열거하고 상기시키는 가운데, 그것들은 이 세상에 관한 그 자신의 소중한 경험이 된다. 유럽의 문화는 인간에게서 멀어지는 가운데, 인간을 점점 더 참되지 못하고 비자연적이며 나쁘게 만들고 있다. 그런 유럽 문화의 어떤 부분이 그처럼 가치가 있다는 것인지 그는 도무지 이해할 수가 없다. 그는 우리들이 애써 이뤄 놓은 업적을, 말하자면 껍데기와 외형적인 것에서부터 시작해 일일이 열거한다. 그리고 그것들을 비유럽적인 관점에서 거침없이 있는 그대로 언급하고 있다. 그러면서 비록 제한된 시각에서이지만, 우리들 자신의 우스꽝스러운 모습을 적나라하게 폭로한다. 그의 글을 마주하노라면, 그런 글을 쓴 사람이나 그 글의 요지를 웃어넘겨야 할지 진지하게 받아들여야 할지 종잡을 수 없을 정도이다.

바로 그 같은 어린아이다운 솔직함과 편견 없는 시각 때문에 투이아비의 연설문은 비로소 우리 유럽 인들이 귀담아들을 만한 가치를 지니게 되었으며, 따라서 책으로 내어 소개함이 마땅하다고 생각한다. 제1차 세계 대전을 겪고 난 후, 우리 유럽 인들은 스스로의 모습에 대해 회의를 품게 되었다. 또한 우리들은 세상 모든 것들의 참된 본질에 대해 다시 한 번 생각해 보게 되었고, 우리의 문화를 통해 우리의 이상을 실현시킬 수 있을 것이라던 자신감을 의심하기 시작했다. 그러므로 이제 우리는 우리 자신을 더 이상 부족할 게 없는 교양인으로 볼 것이 아니라, 한번쯤 몸을 낮춰 남태평양 어느 섬사람의 순박한 사고방식과 세상을 바라보는 견해에 귀 기울여야 할 것이다. 투이아비는 교양이라는 이름의 그 어떠한 고삐에도 얽매인 적이 없으며, 여전히 자기만의 근원적인 느낌과 관점을 간직한 채 살고 있다. 그런 그가 신을 부정하고 그 대가로 죽은 우상을 만들고자 했던 우리들의 모습을 돌아보게끔 도와주고 있는 것이다.

에리히 쇼이어만 Erich Scheuermann

차례

들어가는 글　4

빠빠라기의 몸 가리기,
　　그리고 다양한 몸 가리개와 잠자리에 관하여　16

돌 상자, 돌 틈, 돌 섬 그리고 그 사이에 있는 것들에 관하여　31

동그란 쇠붙이와 값진 종이에 대하여　46

많은 물건이 빠빠라기를 가난하게 만든다　62

빠빠라기는 시간이 없다　76

빠빠라기는 하느님을 가난하게 만들었다　88

위대한 정신은 기계보다 강하다　101

빠빠라기의 직업과 그 안에서 길을 잃고 헤매는
　　　　　　　　　빠빠라기에 관하여　112

거짓된 삶의 공간과 종이 묶음에 관하여　126

생각이라는 큰 병　140

빠빠라기는 우리를 자신들의 어둠 속으로 끌어들이려 한다　155

옮긴이의 글　166

'빠빠라기 Papalagi'는 '백인' 또는 '낯선 이'를 뜻한다.
하지만 빠빠라기의 본래 뜻은 '하늘을 가르고 나온 자'이다.
사모아 섬에 처음 나타난 백인 선교사는 돛단배를 타고 찾아왔다.
원주민들은 저 멀리 수평선 위로 보이는 하얀 돛단배를 하늘에 난 구멍이라고 생각했다.
그리고 그 구멍을 통해 백인은 그들에게로 왔다.
그래서 그들은 그 백인을 '하늘을 가르고 나온 자'라고 불렀다.

빠빠라기의 몸 가리기, 그리고 다양한 몸 가리개와 잠자리에 관하여

빠빠라기는 어떻게든 자신의 살을 가리려고 애쓴다. 명망 있고 학식이 뛰어난 사람으로 존경받던 어느 백인이 나에게 말했다.
"몸통과 팔다리는 고깃덩어리입니다. 단지 목 위의 것, 그것만이 진정한 인간입니다."
그는 정신과, 선하거나 악한 모든 생각이 자리하고 있는 그 부분만이 중요하다고 생각했다. 머리 말이다. 백인들은 바로 그 머리를, 그리고 부득이한 경우에는 두 손 또한 기꺼이 감추지 않고 드러낸다. 머리와 손 또한 살과 뼈이기는 마찬가지인데 말이다. 그 밖의 몸의 다른 일부분을 보이게끔 드러내는 사람은 예의 바른 사람으로 대접받지 못한다.

사내가 처녀를 아내로 맞이할 때도, 그는 자신이 혹시 속은 것은 아닌지 알 길이 없다. 그 처녀의 몸뚱이를 결코 본 적이 없으니 말이다.* 타오포우*만큼이나 아름다운 처녀조차 자기 몸을 꼭꼭 감추고 있다. 그래서 어느 누구도 그 처녀의 몸을 볼 수 없고, 아름다운 몸을 바라보는 기쁨 또한 누릴 수 없다.

몸뚱이는 죄악이다. 빠빠라기는 그렇게들 말한다. 그들 생각에는 정신만이 위대하기 때문이다. 뜨거운 햇살 아래서 창을 던지기 위해 높이 들어 올리는 팔은 죄악의 표지이다. 숨을 들이쉴 때 봉긋이 올라오는 가슴은 죄악이 싹트는 곳이다. 우리들에게 실바춤*을 선사하는 처녀의 팔과 다리는 부정하다. 그리고 서로 맞닿아 인간에게 최고의 기쁨을 선사하는 몸뚱이 또한 죄악이다. 살로 된 것은 모두 죄악이다. 몸뚱이의 근육마다 사람에서 사람으로 펄쩍펄쩍 뛰어다니는 교활한 독이 숨어 있다. 그래서 몸뚱이를 단지 쳐다보기만 해도 그 독을 빨아들이게 되고, 상처를 입는다. 따라서 몸뚱이를 바라보는 사람 또한 몸뚱이를 보여 주는 사람과 마찬가지로 나쁘며 비난받아 마땅하다. 이것이 바로 백인들이 말하는

---

* 결혼을 한 뒤에도 아내는 단지 늦은 밤이나 이른 아침 시간을 제외하고는, 남편에게조차 자기 몸을 거의 보여 주지 않는다. (투이아비의 보충 설명)
* 사모아에서 가장 예쁘다고 소문난 마을 처녀.
* 원주민의 춤.

이른바 성스러운 규범이다.

그렇기 때문에 빠빠라기의 몸뚱이는 머리에서 발끝까지 가리개 천과 거죽과 껍질로 덮여 있다. 어떤 인간의 눈빛으로도 들여다볼 수 없고, 햇살조차 뚫고 들어갈 수 없을 만큼 튼튼하고 촘촘하게 감싸여 있다. 그래서 그들의 몸뚱이는 마치 깊고 깊은 원시림 속에서 피어난 꽃처럼 창백하고 하얗고 지쳐 있다. 많은 섬의 슬기로운 형제들이여! 내 그대들에게 빠빠라기들이 저마다 얼마나 무거운 짐을 몸뚱이에 달고 다니는지 이야기해 주겠다. 그들은 벌거벗은 몸의 바로 위에다 풀로 만든 얇고 하얀 껍질을 입는다. 이것이 위 껍질이다. 위 껍질을 입을 때는 그것을 높이 들어올린 다음 아래로 잡아당기는데, 머리와 가슴과 두 팔을 지나 허벅지까지 늘어뜨린다. 또 두 발과 허벅지를 지나 배꼽까지, 아래서부터 위로 끌어 올려 입는 것도 있다. 이는 아래 껍질이라고 한다. 이 두 개의 껍질은 다시금 세 번째 두꺼운 껍질로 감춰진다. 이 세 번째 껍질은 네 발 달린 짐승의 털로 짜 만드는데, 이 짐승들은 원래부터 그럴 목적으로 키우는 가축이다. 엄밀히 말하면 이 세 번째 껍질이 바로 제대로 된 몸 가리개이다. 이렇게 몸 가리개는 대부분 세 부분으로 만들어져 있다. 그중 하나는 윗몸을, 다른 하나는 가운데 몸을, 그리고 세 번째 것은 엉덩이와 두 다리를 가린다. 세 부분 모두는 고무나무의 수액을 말려 만든 끈이나 조개

껍데기*로 서로 묶여 있어, 언뜻 보면 전체가 마치 하나인 것처럼 보이기도 한다. 이 몸 가리개는 대부분 우기 때의 산호초 호수처럼 잿빛이다. 전체가 다 화려한 색을 띠고 있는 경우는 절대 없다. 기껏해야 가운데 부분만이 간혹 요란한 색을 띠기도 한다. 하지만 그런 몸 가리개를 입는 사람들은 대개가 남의 입에 오르기를 좋아하거나, 아니면 여자들 뒤만 쫓아다니는 남자들이다.

두 발 또한 부드럽거나 아주 딱딱한 껍질로 감싸여 있다. 부드러운 껍질은 대부분 잘 늘어나는 편이어서 발에도 아주 잘 맞는다. 하지만 딱딱한 껍질은 그렇지가 못하다. 딱딱한 껍질은 힘센 동물의 가죽으로 만든다. 껍질을 만드는 데 쓰이는 가죽은 오랫동안 물속에 담갔다가 칼로 문지른 다음, 두들겨서 아주 딱딱해질 때까지 햇빛에다 말린다. 그런 다음에 빠빠라기는 이 가죽을 가지고 일종의 카누를 만든다. 하지만 발 껍질로 쓰이는 이 카누는 가장자리가 높고, 발 하나가 딱 들어갈 수 있을 만한 크기의 빈 공간을 갖고 있다. 그렇게 해서 만든 카누를 하나는 왼쪽 발에 다른 하나는 오른쪽 발에 신는다. 이 발 껍질 카누를 끈과 고리를 이용해 매듭을 지은 다음, 발목에 단단하게 동여맨다. 이는 마치 바다달팽이의 몸이 제 집 속에 들어가 있듯, 두 발이 단단한 껍질 속에 들

---

* 투이아비가 지칭하는 것은 고무줄이나 단추이다.

어가 있게 하기 위해서이다. 빠빠라기는 이 발 껍질을 해가 뜰 때부터 해가 질 때까지 내내 신고 다닌다. 그들은 발 껍질을 신은 채 여행도 다니고, 춤도 춘다. 열대의 비가 쏟아지고 난 뒤처럼 무더울 때에도 여전히 발 껍질을 신고 있다.

그렇게 하는 것은 백인들도 잘 알고 있듯 지극히 부자연스러운 짓이다. 그리고 두 발에서 마치 죽은 것처럼 고약한 냄새가 나게 만든다. 실제로도 대부분의 유럽 인들의 발은 더 이상 물건을 집을 수도 없고, 야자나무를 기어 올라갈 수도 없다. 그렇기 때문에 빠빠라기는 자신들의 멍청함을 숨기기 위해, 본래는 붉은색이었던 동물의 가죽에다 검은 때를 잔뜩 묻히곤 한다. 가죽에 묻힌 이 때를 자꾸만 문지르다 보면 번쩍거리는 빛이 나는데, 어찌나 눈이 부신지 차마 보지 못하고 눈을 돌려야만 할 정도이다.

예전에 유럽에 아주 유명한 어떤 사람이 살았다. 많은 사람들이 그를 찾아왔고, 그럴 때마다 그는 사람들에게 말했다.

"지금처럼 두 발에다 갑갑하고 무거운 껍질을 감싸고 다니는 것은 좋지 않습니다. 밤의 이슬이 풀을 덮고 있는 동안, 하늘 아래를 맨발로 걸어 다니십시오! 그러면 모든 병들이 그대들을 멀리하게 될 것입니다."

그 사람은 아주 건강했고 지혜로웠다. 하지만 사람들은 그를 비웃었을 뿐, 그가 하는 말을 이내 잊고 말았다.

여자들도 남자들과 마찬가지로 몸과 허벅지에다 많은 가리개와 싸개를 휘감고 다닌다. 그 때문에 여자들의 살갗은 상처와 끈에 눌린 자국투성이다. 두 가슴은 생기를 잃고, 목에서부터 아랫배에 이르기까지 가슴 앞과 등 뒤로 묶어 놓은 가리개에 잔뜩 눌려 더 이상 젖이 나오지 않는다. 이 가리개는 물고기 가시와 철사, 실로 만들어졌는데 아주 딱딱하다. 그래서 대부분의 어머니들은 자신들의 아기에게 밑은 막혀 있고 위에는 가짜 젖꼭지가 달린 원통 모양의 유리에 담긴 젖을 먹인다. 유리통 안에 담긴 젖도 물론 그녀들 자신의 것은 아니다. 그녀들이 아이에게 먹이는 젖은 붉고 흉측하게 생겼으며 뿔 달린 짐승의 것으로, 그 짐승의 아랫배에 달린 네 개의 젖꼭지를 강제로 짜 얻어 낸 것일 뿐이다.

덧붙여 말하자면, 어른 여자나 어린 소녀들의 덮개는 남자들 것에 비해 얇고 색깔도 화려하며 훨씬 더 빛이 난다. 목덜미와 팔

또한 종종 그대로 드러내며, 다른 부분의 살도 남자들보다는 더 많이 노출시킨다. 그렇지만 처녀의 경우라면 몸을 많이 가릴수록 좋은 것으로 인정받는다. 그런 처녀들을 볼 때마다 사람들은 아주 흐뭇한 미소를 지으며 말하곤 한다.

"정숙한 처자로구먼!"

이 말은 그 처녀가 예의범절을 잘 지켜 처신한다는 뜻이다.

그런데 도무지 이해하기 힘든 일이 하나 있다. 그랬던 여자들이 커다란 모임이나 파티에서는 목덜미나 등판의 살을 마음껏 드러내는 것이다. 그런 행동을 조금도 수치스럽게 생각하지 않으면서 말이다. 하지만 그 같은 행동은 아마도 파티라는 독특한 분위기 때문에 가능한 일일 것이다. 그런 모습은 날마다 가능한 것이 아니라, 축제 때 단 한 번만 허락되기 때문이다.

그렇지만 남자들만큼은 목덜미나 등판을 언제나 꼭꼭 감추어 놓는다. 목에서부터 가슴 젖꼭지에 이르기까지 남자 신사들은 하얗게 회칠을 해서 아주 빳빳한, 타로감자의 잎 크기만 한 덮개 하나를 걸치고 있다. 그 덮개 위로는 역시 하얗고 높다란 둥근 테가 목둘레를 감싸고 있다. 이 테 또한 회칠을 해서 딱딱하기는 마찬가지다. 이 테 사이로 남자 신사들은 한 조각 색깔 있는 가리개 천을 끄집어내, 발 껍질 끈처럼 친친 동여맨다. 그러고는 거기에다가 금으로 된 못이나 유리구슬 하나를 쿡 찔러 놓고는, 천 전체

를 가슴 가리개 위에다가 늘어뜨린다. 많은 빠빠라기들은 손목에다가도 회칠을 한 하얀 테를 두른다. 하지만 발목에다가는 그 같은 테를 두르는 법이 결코 없다.

　이 하얀 가슴 가리개 죠각과 하얗게 회칠을 한 둥근 테는 그들 나름대로 의미하는 바가 자못 많다. 빠빠라기는 이 목장식을 하지 않고는 절대로 여자가 있는 곳에 나타나지 않는다. 목장식을 하지 않는 것보다 더 나쁜 것은, 이 테에 시커멓게 때가 껴 아무런 광택도 나지 않을 때이다. 그래서 지체가 높은 많은 남자 신사들은 날마다 자신들의 가슴 가리개와 목의 테를 새것으로 갈아입는다.

　여자들은 남자들에 비해 아주 다양하고 화려한 색깔의 몸 덮개를 걸친다. 심지어 커다란 궤짝 몇 개를 가득 채우고도 남을 만큼 많은 덮개들을 갖고 있을 정도이다. 그래서 여자들은 허구한 날을 고민하고 고민한다. '오늘이나 내일은 어떤 몸 가리개를 입나? 오늘은 짧은 게 좋을까, 아니면 긴 게 좋을까?' 하고 말이다. 그리고 또, 몸 가리개 위에다는 어떤 장신구를 걸쳐야 할까에 대해서도 즐겨 이야기한다. 그에 반해 남자들은 대부분 이른바 새 옷이라 불리는 단 한 벌의 예복만을 갖고 있을 뿐이고, 그래서 옷 따위에 대해서는 거의 이야기하지 않는다. 새 옷은 아주 까만색의 몸 가리개인데, 등 쪽이 마치 숲 앵무새의 꼬리처럼 뾰족하게 갈

라져 있다.* 이 장식 옷을 입을 때면 두 손에도 반드시 하얀 껍질을 껴야 한다. 손 껍질은 손가락 하나하나가 저마다 들어가게 되어 있고, 어찌나 꼭 끼는지 피가 끓어 가슴이 울렁거릴 정도이다. 그래서 생각 있는 남자들이라면 이 손 껍질을 그냥 손에 들고 다니거나, 아니면 가리개의 젖꼭지 아래쯤에다가 끼워 넣고 다니는 것을 당연한 것으로 알고 있다.

집을 떠나 거리로 나설 때면, 남자건 여자건 관계없이 모두가 겉껍질 하나를 더 몸에 두른다. 이 겉껍질은 해가 떴느냐 아니냐에 따라 좀 더 두툼하기도 하고 얇기도 하다. 그러고는 그들은 자신들의 머리도 덮는다. 남자들은 속이 텅 비고 둥그런 검은색 딱딱한 원통을 머리에 쓰는데, 생긴 것이 꼭 사모아의 움막 지붕 같다. 그리고 여자들은 식물의 줄기로 엮어 짠 바구니 엎어 놓은 것 같은 것을 머리에 쓴다. 그런 머리 껍질 여기저기에는 결코 시들지 않는 꽃들이나 장식용 깃털, 몸 가리개의 자투리 천, 유리구슬 등 온갖 장식품이 치장되어 있는데, 생긴 게 마치 우리네 마을의 예쁜 처자가 전사의 춤을 출 때 쓰는 '투이가'와 비슷하다. 하지만 내가 보기에는, 바람이 불거나 춤을 출 때에도 머리에서 떨어질 염려가 없는 투이가가 훨씬 더 나은 것 같다. 남자들은 인사를

* 투이아비는 아마도 연미복을 말하고 있는 듯하다.

할 때마다 매번 이 머리 집을 앞뒤로 흔들어 댄다. 그에 반해 여자들은 자신들의 머리 위에 얹힌 것을, 짐을 잘못 실어 기우뚱거리는 배처럼 단지 살짝 앞쪽으로 기울여 인사를 한다.

밤이 되어 잠자리 속으로 찾아들 때에만 빠빠라기는 모든 몸 가리개들을 벗어 던진다. 하지만 그 즉시 빠빠라기는 새 껍질로 몸을 감싼다. 하지만 이때만큼은 두 발은 가리지 않은 채 밖으로 드러나 있게 된다. 어른이든 아이든 여자들의 밤 옷은 볼 사람이 거의 없는데도 대부분 목 부분에 이런저런 장식이 달려 있다. 빠빠라기는 자리에 눕자마자 커다란 새의 배 안쪽 깃털로 몸을 덮는다. 이 깃털들은 커다란 천에 담겨 있어, 흩어지거나 날아다니지 않는다. 이 깃털들은 몸에서 땀이 나게 만들고, 그래서 해가 더 이상 떠 있지 않아도 빠빠라기가 마치 햇빛을 받으며 누워 있다고 생각하게끔 만든다. 하기야 빠빠라기는 진짜 해에는 그다지 신경을 쓰지도 않는다.

지금까지 말한 이 모든 것들로 인해 빠빠라기의 몸뚱이가 아무런 기쁨의 색깔도 없이 하얗고 창백해진다는 것은 너무도 당연한 일이다. 그러나 백인들은 오히려 그런 상태를 좋아한다. 여자들, 특하나 어린 처자들은 살갗이 뜨거운 햇볕에 드러나 벌겋게 타지 않도록 보호하느라 노심초사한다. 그래서 햇살 아래로 나가자마자, 그들은 머리 위에다 커다란 지붕 하나를 덮는다. 그들에게는 아마도 창백한 달빛이 해의 색깔보다 더 마음에 드는가 보다. 어쨌거나 빼빼라기는 세상 모든 것에서 자기들 나름대로의 지혜와 법칙을 만들어 내기를 좋아한다. 자신들의 코가 마치 상어 이빨처럼 뾰족하다는 이유만으로 그들은 자신들의 코가 아름답다고 뻐긴다. 그러고는 어디 한 군데 모난 데 없이 둥글기만 한 우리들의 코를 보고는 못생겼고 예쁘지 않다고 말한다. 물론 우리는 그들과는 정반대로 말을 하지만 말이다.

여자들이 모두 어린애든 어른이든 그렇게 몸뚱이를 꼭꼭 감추고 있으니, 세상 이치에 따라 남자나 사내아이들은 여자들의 벗은 몸을 보기 위해 안달이 날 수밖에 없다. 남자들은 밤이고 낮이고 오직 그 일만을 생각하고, 여자들의 몸뚱이에 대해 끝없이 이야기한다. 그러면서도 본래 자연스럽고 아름답기만 한 그런 이야기를 입에 올리는 것이 마치 무슨 커다란 죄를 짓기나 하는 것처럼, 언제나 어둡고 깜깜한 그늘 속에서만 서로 이야기를 나눈다. 만약에 그들이 여자들의 몸을 자유롭게 볼 수 있다면, 그들은 아마도 세상의 다른 일들에 관해서도 좀 더 많이 생각하게 될지 모른다. 그렇다면 처자를 만나더라도 몰래 곁눈질하느라 두 눈이 돌아가지도 않을 것이고, 입으로 음란한 말들을 내뱉지도 않게 될 것이다.

하지만 백인들은 몸뚱이가 죄악이고, 사악한 악마 아이투의 것이란다. 사랑하는 형제들이여, 이보다 더 바보 같은 생각이 과연 어디 있겠는가? 그들이 하는 말을 곧이곧대로 받아들인다면, 우리들의 몸뚱이가 마치 식어 버린 용암 덩어리처럼 내면에서 솟아오르는 온기조차 없이 딱딱하기만을 바라게 될지도 모른다. 하지만 우리들의 몸뚱이가 아직도 태양과 이야기할 수 있다는 것에 대해 기뻐하자. 그 어떠한 몸 가리개로도 묶여 있지 않고 그 어떠한 발 껍질로도 고통받고 있지 않은 우리들의 두 다리가 야생마처럼 뛰어다닐 수 있다는 것, 우리들의 머리 덮개가 머리에서 떨어질까 전전긍긍하지 않아도 된다는 사실에 대해 기뻐하자. 그리고 햇빛 아래서건 달빛 아래서건 우리의 처자들이 자신들의 아름다운 몸과 팔다리를 마음껏 드러내고 있다는 사실에 대해 마음껏 기뻐하자. 부끄러움을 벗어나기 위해 그처럼 온몸을 친친 휘감아야만 하는 백인들은 진정 어리석고도 무지하며, 진정한 기쁨의 의미조차 느끼지 못하는 이들임에 분명하다.

돌 상자, 돌 틈, 돌 섬
그리고 그 사이에 있는 것들에 관하여

빠빠라기는 바닷조개처럼 딱딱한 움막 속에서 산다. 빠빠라기는 용암 바위틈 사이에서 사는 지네처럼 돌 사이에서 살고 있다. 빠빠라기의 주위는, 그리고 그의 머리 위와 옆은 온통 돌들로 덮여 있다. 그가 사는 움막은 똑바로 세워 놓은 돌 상자 같다. 마치 여러 개의 서랍이 달리고 여기저기 뚫어 놓은 구멍이 많은 궤짝처럼 생겼다.

이 돌집에는 들어가고 나오는 곳이 한 군데밖에 없다. 그곳을 빠빠라기는 들어갈 때는 입구라 하고, 나올 때는 출구라 부른다. 어차피 둘 다 완전히 똑같은 하나인데도 말이다. 그곳에는 커다란 나무 날개가 하나 달려 있는데, 움막 안으로 들어가려면 이 나무 날개를 힘껏 밀쳐야 한다. 하지만 이 날개는 단지 시작에 지나지 않는다. 그 뒤로도 여러 개의 날개를 밀어제쳐야만 비로소 진짜 움막 안에 들어설 수 있기 때문이다.

　대부분의 움막에는 사모아의 어느 한 마을에 사는 주민보다도 더 많은 사람들이 살고 있다. 그래서 누군가를 찾아가고자 한다면, 그 가족의 이름을 정확히 알고 있어야만 한다. 왜냐하면 가족들 저마다가 위층이나 아래층, 또는 가운데나 오른쪽, 왼쪽 등 돌 상자의 일정 부분만을 차지한 채 살아가고 있기 때문이다. 그리고 한 가족이 같은 상자에 사는 다른 가족들에 대해 정말이지 아무것도 모르는 경우도 흔히 있는 일이다. 마치 돌로 된 벽만이 아니라, 마노논과 아플리마 그리고 사바이 섬*처럼 그들 사이를 바다가 갈라놓고 있기라도 한 것처럼 말이다. 그들은 종종 이웃의 이름조차 알고 있지 못한다. 그래서 들어가는 구멍 앞에서 서로

* 사모아 제도에 속하는 세 섬의 이름.

마주치기라도 하면 그저 마지못해 인사를 나누거나, 아니면 마치 위험한 벌레라도 만난 듯 으르렁대기도 한다. 자신들이 그처럼 서로 가까이 붙어 살아야 한다는 사실이 꽤나 화가 나는 모양이다.

찾아가는 가족이 지붕 바로 밑의 맨 꼭대기에 살고 있는 경우라면, 그 가족의 이름이 벽에 쓰여 붙어 있는 곳에 이르기까지 지그재그나 둥근 원 모양으로 만들어진 많은 나뭇가지를 올라가야만 한다. 그러고 나면 여자의 젖꼭지를 본떠 만든 것 앞에 서게 되고, 그걸 누르면 이상한 비명 소리 같은 것이 나며 찾아간 가족을 불러내게 된다. 그러면 이제 나무 날개 안에 살고 있는 가족은 그 안에서 가느다란 철사가 그물처럼 쳐져 있는 작고 둥근 구멍을 통해 밖을 내다보며, 혹시나 적이 찾아온 것은 아닌지 확인을 한다. 만일 위험한 사람이 찾아온 경우라면 나무 날개는 열리지 않는다. 하지만 친구가 찾아온 것을 알게 되면, 안에 살고 있는 가족은 아주 튼튼하게 채워져 있던 사슬을 얼른 풀어 커다란 나무 날개를 열고는 찾아온 사람을 안으로 맞아들인다. 그제야 손님은 열려진 나무 날개의 틈을 통해 진짜 움막 안으로 들어설 수 있다.

움막 안은 가파르게 서 있는 돌벽들로 다시금 나뉘어 있는데, 여러 개의 나무 날개를 지나면서 점점 더 작아지는 상자 안으로 들어서게 된다. 빼빼라기가 '방'이라고 부르는 이 상자들에는 저마다 구멍이 하나씩 달려 있다. 상자가 제법 큰 경우라면 두 개나 그 이상의 구멍이 달려 있기도 한데, 이 구멍을 통해 햇빛이 상자 안으로 들어온다. 이 구멍들은 유리로 막혀 있으며, 사는 데 꼭 필요한 신선한 공기를 상자 안으로 들어오게 하려면 그 유리를 열면 된다. 하지만 빛 구멍이나 공기구멍이 하나도 없는 상자들도 많다.

사모아 사람이 그런 상자 속에서 살아야 한다면, 아마 얼마 가지 못해 금방 질식하고 말 것이다. 사모아의 움막 안으로는 곳곳에서 신선한 공기가 들어온다. 하지만 백인들의 움막에는 그럴 만한 곳이 전혀 없다. 심지어는 먹을 것을 만드느라 피어오른 온갖 냄새들이 빠져나갈 만한 곳도 없다. 게다가 그나마 밖에서 들어오는 공기조차 움막 안의 공기에 비해 그다지 나을 것이 없다. 한마디로 말해 사람이 이런 곳에서 죽지 않고 살 수 있다는 것, 그러면서도 새가 되고 싶다는 바람을 품지 않는다는 것, 신선한 공기와 밝은 햇살이 가득한 곳으로 힘차게 날갯짓하며 훨훨 날아갈 수 있을 날개가 그들에게 돋아나지 않는다는 것이 그저 신기할 뿐이다. 하지만 빠빠라기는 자신들의 돌 상자를 좋아할 뿐, 그것들이 얼마나 해로운 것인지를 알아차리지 못한다.

돌 상자마다 각기 나름대로의 쓰임새가 정해져 있다. 그중 제일 크고 환한 상자는 가족들이 모여 이야기를 나누거나, 아니면 손님을 맞이하는 곳이다. 그리고 다른 상자 하나는 잠자는 곳으로 쓰인다. 이곳에는 기다란 다리들이 달린 나무들 위에 자리가 깔려 있는데, 그렇게 함으로써 자리 아래로도 바람이 통할 수 있게 되어 있다. 세 번째 상자는 식사를 하거나 담배를 피우는 곳이고, 네 번째에다가는 음식물을 저장하며, 다섯 번째에서는 요리를 한다. 그리고 가장 작은 여섯 번째 상자에서는 목욕을 하는데, 이 맨 마지막 것이 그중 제일 예쁘게 꾸며진 공간이기도 하다. 이곳에는 커다란 거울이 벽에 달려 있고, 바닥에는 알록달록한 장식용 돌들이 깔려 있다. 한가운데에는 쇠붙이나 돌로 만든 커다란 그릇이 하나 놓여 있고, 거기에서는 햇볕에 데워진 물이나 데워지지 않은 물이 흘러나온다. 추장의 무덤보다도 더 크다 싶게 여겨지는 이 그릇 속에 들어가, 빠빠라기는 몸을 청결히 하거나 돌 상자에서 묻은 모래들을 말끔히 씻어 낸다. 물론 지금 말한 것보다 훨씬 더 많은 상자들이 딸린 움막들도 있다. 아이들마다 다 자기만의 상자를 하나씩 갖고 있고, 빠빠라기를 위해 일하는 하인들도 자기 상자를 갖고 있으며, 심지어는 개나 말까지도 자기 상자를 갖고 있는 움막들도 있다.

바로 이 돌 상자들 틈에서 빠빠라기는 평생을 산다. 하루 중에도 시간에 따라 때로는 이 상자 안에서 지내고 때로는 저 상자 안에서 머물면서 말이다. 그들의 아이들 또한 그곳에서 자란다. 하늘 높이 치솟은 그곳, 때로는 다 자란 야자수보다도 더 높은 바로 그곳 돌 상자 속에서 말이다. 일정한 시간이 되면 빠빠라기는 이른바 자기만의 상자라고 부르는 그곳을 떠나, 일을 하게끔 정해져 있는 또 다른 상자를 찾아간다. 그러고는 그곳에서 아무런 방해도 받지 않고 일을 한다고 하는데, 그럴 때면 아내나 아이들은 아무런 도움도 되지 않는다.

그사이 여자들은 부엌에 머무르며 요리를 하거나 발 껍질을 반짝반짝 윤이 나게 닦고, 아니면 몸 가리개를 빤다. 돈이 많아 일하는 사람을 부릴 수 있는 사람들이라면 그런 일은 물론 하인들에게 맡기고, 자신은 다른 사람네로 놀러 가거나 새로운 먹을거리를 장만하러 나가기도 한다.

유럽에서는 사모아에서 자라는 야자나무만큼이나 많은 사람들이, 아니 그보다도 훨씬 더 많은 사람들이 이런 방식으로 살아간다. 그중 몇몇 사람들은 아마도 숲과 태양과 밝은 빛을 간절히 원하기도 할 것이다. 하지만 그 같은 바람은 대부분 싸워서 이겨 내야만 하는 일종의 병으로 간주된다. 누군가가 돌 틈에 끼인 삶에 만족해하지 못할 때면, 사람들은 "그 사람은 참 괴상한 사람이야!"라고 말하곤 한다. 그 말은 신이 인간에게 부여한 본성을 알지 못하는 사람이라는 뜻이다.

유럽에는 수도 없이 많은 돌 상자들이 서로서로 빽빽이 들어서 있다. 그 어떤 나무나 풀도 그들을 갈라놓지 못한다. 마치 어깨를 나란히 한 듯 솟아 있는 돌 상자마다 사모아의 어느 마을에 살고 있는 사람 수만큼이나 많은 **빠빠라기**들이 살고 있다. 돌을 던지면 닿을 만한 거리 저편에는 똑같은 모양의 돌 상자들이 역시나 어깨를 나란히 한 채 늘어서 있다. 그리고 그것들 안에도 마찬가지로 사람들이 살고 있다. 그렇게 두 줄로 나란히 늘어선 돌 상자들 사이에는 빠빠라기가 '길'이라고 부르는 좁다란 틈이 하나 나 있다. 이 틈은 종종 강처럼 길기도 한데, 길 위에는 온통 딱딱한 돌들이 깔려 있다. 앞이 툭 트여 있는 곳을 찾아보려면 한참을 뛰어가야 할 정도이다. 하지만 그곳에서도 돌 틈은 어김없이 다시금 이어진다. 이 돌 틈 또한 거대한 강물 줄기처럼 길기만 하다. 그리고 그 돌 틈의 양쪽 끝으로는 또다시 똑같이 기다란 돌 틈이 자리하고 있다. 그러니 다시금 숲을 만나거나 제법 큼지막한 푸른 하늘을 찾아보려면 하루 종일 이 돌 틈들 사이를 헤매고 다녀야만 한다. 여간해서는 돌 틈 사이에서 제대로 된 하늘색을 찾아보기가 쉽지 않다. 움막마다에는 적어도 하나 이상의 화덕이 있고, 그래서 사바이 화산의 거대한 분화구가 폭발했을 때처럼 사방이 거의 언제나 뿌연 연기와 재로 가득 차 있기 때문이다. 재는 돌 틈 사이로 비처럼 내려앉는다. 그럴 때면 높다란 돌 상자들은 마치 홍수림 늪지대*의 진흙 개펄처럼 보이고, 사람들의 두 눈과 머리에는 검은 흙이 내려앉고 이빨들 사이로는 딱딱한 모래가 들러붙는다.

하지만 이들 가운데 그 어느 것도 사람들이 아침부터 저녁까지 돌 틈들 사이를 이리저리 헤집고 다니는 것을 막지는 못한다. 오히려 그런 짓거리를 하는 걸 유난히 좋아하는 사람들이 많다. 몇몇 돌 틈은 특히나 많은 사람들로 북적거리기도 한다. 그런 돌 틈 사이를 사람들은 질척거리는 진흙처럼 흘러 다니는 것이다. 이런 길에는 거대한 유리 상자들이 붙어 있는데, 그 안에는 빠빠라기가 살아가는 데 필요로 하는 온갖 것들이 가득 펼쳐져 있다. 몸 가리개, 머리 장식, 손 껍질과 발 껍질, 그리고 고기나 과일과 야채 같은 먹을거리 등이 말이다. 이것들은 사람들을 꾀어 들이기 위해 그곳에 널려 있는 것이다. 하지만 아무리 필요한 것이라고 할지라도, 어느 누구든 무턱대고 그 물건들을 집어 가서는 안 된다. 물건을 가져가려면 먼저 일일이 허락을 받은 다음, 무엇인가로 그 대가를 치러야만 한다.

    이 돌 틈 곳곳에는 수많은 위험이 도사리고 있다. 사람들이 뒤범벅이 되어 이리저리로 걸어 다닐 뿐만 아니라, 탈것이나 말을 타고 사방팔방으로 오가기도 하기 때문이다. 때로는 커다란 유리 상자가 쇠붙이로 만든 띠 위를 미끄러져 가기도 한다. 그러니 사

---

* 열대나 아열대의 해안과 하구 주변에서 자라는 숲으로, 우기에는 물바다였다가 건기에는 땅이 드러나는 넓은 늪지대이다. (옮긴이 주)

방에서 들려오는 소음 또한 이만저만한 것이 아니다. 두 귀가 견딜 수 없을 정도로 시끄럽기만 한데, 말들은 딱딱한 발굽으로 바닥에 깔린 돌들을 차며 달려가고, 사람들은 사람들대로 딱딱한 발껍질로 탁탁거리는 소리를 내며 그 위를 지나다니기 때문이다. 아이들은 큰 소리로 엉엉 울어 대고, 어른들은 무엇인가에 놀라거나 기뻐하며 귀청이 찢어질 듯 외쳐 댄다. 모두가 목청껏 고함을 질러 댄다. 있는 힘껏 소리를 지르지 않고서는 도무지 서로 이야기를 나눌 수가 없을 정도이다. 주위가 온통 윙윙거리는 소리, 덜커덩거리는 소리, 쿵쾅거리는 소리, 쾅쾅 울려 퍼지는 소리들로 가득 차 있다. 마치 거센 폭풍우가 미친 듯이 몰아치는 날, 사바이의 깎아지른 듯한 절벽 위에 서 있기라도 한 것처럼 말이다. 아니, 돌틈 사이를 세차게 몰아치며 사람의 넋을 빼앗아 가는 굉음보다는 차라리 사바이를 휘몰아치는 폭풍우 소리가 한결 다정하게 느껴질 정도이다.

많은 사람들이 살고 있는 돌 상자, 높다랗게 솟은 돌 틈, 수천의 강줄기처럼 이리저리 뻗쳐 있는 길들, 그 안에 살고 있는 사람들, 귀를 찢을 듯 울려 대는 소음들, 모든 것을 뒤덮는 검은 모래와 연기로 가득하고, 나무 한 그루 없고 한 뼘만큼의 파란 하늘도 보이지 않으며 맑은 공기와 구름조차 찾을 수 없는 곳, 이제 이 모든 것들을 한데 합쳐 놓은 곳이 바로 빼빼라기들이 '도시'라고 부르

는 곳이다. 자신들이 만들었다며 그토록 자랑스러워하는 도시이다. 그곳에서 살고 있는 사람들은 나무도 보지 못하고, 숲도 만나지 못하며, 툭 트인 하늘도 즐기지 못하고, 서로 얼굴을 맞대고서도 아무런 위대한 정신도 찾아보지 못하는데 말이다. 사람들은 산호 아래 집을 짓고 석호*를 기어 다니는 파충류처럼 살고 있다. 그래도 그곳은 맑은 바닷물에 씻기고, 햇살의 따뜻한 입김이 스며들기라도 하지만 말이다. 빠빠라기는 자신이 쌓아 놓은 돌들이 정말이지 그토록 자랑스러운 것일까? 나는 모르겠다. 빠빠라기는 독특한 생각을 가진 인간이다. 빠빠라기는 아무 의미도 없거나 자신을 병들게 하는 짓들을 많이 한다. 그런데도 그들은 자신이 하는 짓을 칭찬하고, 아름다운 노래로 자신이 하는 짓을 찬미한다.

 내가 말한 것, 이것이 바로 도시이다. 도시는 정말이지 무척이나 많다. 큰 곳도 있고, 작은 곳도 있다. 가장 큰 도시는 그 나라에서 가장 높은 추장이 살고 있는 곳이다. 도시들은 바다에 떠 있는 우리네 섬처럼 저마다 흩어져 있다. 때로는 해수욕을 하러 가는 거리만큼 떨어져 있기도 하고, 때로는 하루 종일 걸어가야 할 만큼 떨어져 있기도 하다. 하지만 이 돌섬들 모두는 표지가 붙어

---

* 모래톱이나 산호초에 의해 바다와 분리되어 있는 바닷가 호수. 비교적 낮고 잔잔한 물이 채워져 있다. (옮긴이 주)

있는 길들로 서로서로 연결되어 있다. 그래서 물 위로 다니는 배를 타고 도시 사이를 여행할 수도 있다. 이 배는 벌레처럼 가늘고도 길게 생겼는데, 주둥이에서는 계속해서 연기를 뱉어 내며 쇠로 만든 기다란 띠 위를 쏜살같이 미끄러져 간다. 어찌나 빠른지, 열두 사람이 온 힘을 다해 노를 젓는 배보다도 더 빠르다. 하지만 다른 돌섬에 살고 있는 친구에게 단지 보고 싶다는 안부를 전할 거라면, 굳이 그를 찾아가거나 그 배를 타지 않아도 된다. 그럴 때는 그저 기다란 덩굴처럼 돌섬에서 돌섬으로 이어져 있는 쇠붙이 줄에다 하고 싶은 말을 불어 넣으면 된다. 그러면 그 말은 하늘을 나는 새보다도 빨리 원하는 곳에 가 닿는다.

그 모든 돌섬들 사이에 진정한 의미의 물이 자리하고 있다. 그곳이 사람들이 유럽이라고 부르는 곳이다. 이곳의 땅은 우리네 것처럼 아름답고 기름지다. 나무들도 있고, 강과 숲들도 있으며, 작고 제대로 된 마을들도 있다. 그곳의 움막들 또한 돌로 만들어져 있다. 그래도 이 움막들은 열매가 열리는 나무들로 겹겹이 둘러싸여 있고, 빗물이 곳곳을 씻어 주며, 바람이 불어 그 빗물을 다시금 말려 준다.

그런 작은 마을에는 도시에 사는 사람들과는 다른 생각을 가진 사람들이 살고 있다. 사람들은 그런 사람들을 시골 사람이라고 부른다. 시골 사람은 손이 거칠고, 몸 가리개도 돌 틈에 사는 사람들보다 지저분하다. 그렇지만 이들은 도시 사람보다는 먹을거리가 훨씬 더 많다. 이들의 삶은 도시 사람들보다 더 건강하고 더 아름답다. 하지만 이들 스스로는 그렇게 생각하지 않는다. 그래서 도시 사람들을 하는 일도 없이 밥만 축내는 사람들이라고 비웃으면서도 마음속으로는 부러워한다. 도시 사람들은 힘들게 밭을 일구지 않아도 되고, 열매를 따는 일을 하지 않아도 되기 때문이다. 시골 사람들은 도시 사람들과 원수처럼 지낸다. 그들이 일군 땅에서 수확한 곡식을 도시 사람들에게 나눠 주어야만 하고, 도시 사람들이 먹을 열매를 따야 하며, 살이 통통해질 때까지 정성 들여 키운 가축들 또한 절반을 떼어서는 도시 사람들에게 바쳐야 하기 때문이다. 어쨌거나 도시 사람들에게 먹을 것을 대 주기 위해 온갖 고생을 하는 시골 사람들은 도무지 이해할 수가 없다. 무엇 때문에 도시 사람들이 자신들보다 훨씬 더 좋은 몸 가리개를 걸치고 있고, 훨씬 더 하얗고 아름다운 손을 갖고 있으며, 자신들처럼 뙤약볕 아래에서 땀을 흘리거나 쏟아지는 비를 맞으며 추위에 떨 필요가 없는 것인지 말이다.

도시 사람들은 그런 점에 대해 거의 신경 쓰지 않는다. 자신들에게는 시골 사람보다 훨씬 더 많은 것을 누릴 권리가 주어져 있으며, 자신들이 하는 일이 땅에 씨를 뿌리거나 곡식을 거두는 일보다 훨씬 더 가치 있는 일이라고 믿고 있기 때문이다. 물론 그렇다고 해서 시골 사람과 도시 사람 사이의 이 같은 갈등이 전쟁을 일으킬 만큼 커다란 것은 아니다.

빠빠라기는 돌 틈에 살고 있든 시골에 살고 있든, 자신들이 살아가고 있는 현재의 모습에 대부분 만족하는 편이다. 돌 틈을 찾아간 시골 사람들은 도시 사람들이 살고 있는 모습을 보며 감탄하고, 돌 틈에 사는 사람들은 시골 사람들의 마을을 돌아다니며 소리 높여 노래 부르거나 찬미한다. 돌 틈에 사는 사람들은 시골 사람들이 돼지를 억지로 살찌게 하도록 내버려 두고, 시골 사람들은 도시 사람들이 자신의 돌 상자를 지어 놓고는 그걸 좋아하며 살아가게 내버려 둔다.

하지만 태양과 빛의 자유로운 자식들인 우리는 위대한 정신의 뜻을 저버리지 않고자 하며, 위대한 정신의 가슴을 돌로 억누

르려 하지도 않는다. 단지 신의 손길이 더 이상 보호해 주지 않아 길을 잃고 병든 인간들만이, 태양도 없고 빛도 없으며 바람도 없는 돌 틈 사이에서도 행복하게 살아갈 수 있을 뿐이다. 그러니 빼빼라기가 자신들이 믿는 행복 속에서 살아가도록 내버려 두자. 하지만 그들 자신이 생각하고 바라는 것을 얻기 위해 우리가 살고 있는 햇빛 가득한 바닷가까지에도 돌 상자를 세우고, 그렇게 해서 돌과 틈과 더러움과 소음과 연기와 모래로 인간의 참된 기쁨을 말살시키려는 그들의 시도만큼은 철저히 막아 내자.

동그란 쇠붙이와 값진 종이에 대하여

지혜로운 형제들이여, 내가 하는 말을 믿으라. 그리고 그대들이 백인들처럼 사악하고 끔찍한 일을 알지 못함을 기뻐하라. 그대들은 하느님은 사랑이라고 했던 선교사의 말을 분명 기억할 것이다. 선교사는 진정한 기독교인은 선함을 행하고, 눈으로는 언제나 그 사랑의 모습만을 본다고 말했다. 그러므로 백인들은 오로지 그 위대한 하느님만을 숭배한다고도 말했다. 하지만 선교사는 우리에게 거짓을 말했고, 우리를 속였다. 선교사가 위대한 정신의 말로 우리를 현혹시키도록 빠빠라기가 그를 매수한 것이다. 왜냐하면 빠빠라기가 돈이라고 부르는 동그란 쇠붙이와 값진 종이야말로 백인들의 진정한 신이기 때문이다.

유럽 사람에게 사랑의 신에 관해 이야기하면, 그들은 얼굴을 찌푸리며 슬며시 미소 짓는다. 그러면서 그렇게 말하는 사람의 순진한 생각을 비웃는다. 하지만 유럽 사람에게 반들거리는 동그란 쇠붙이 조각이나 값진 종이를 건네면, 그들은 금세 두 눈을 반짝이며 군침을 흘린다. 돈이 그들의 사랑이고, 돈이 그들의 하느님이다. 백인들 모두는 돈을 생각한다. 잠을 자면서도 말이다. 쇠붙이나 종이를 움켜쥐느라 두 손이 구부러지고, 두 발을 마치 숲 속에 사는 커다란 개미와 비슷하게 놀리는 사람들이 많이 있다. 돈을 세느라 눈이 먼 사람들도 많이 있다. 돈을 위해 자신들의 기쁨, 웃음, 명예, 양심, 행복, 심지어는 아내와 아이들까지 내던진 사람들도 많이 있다. 거의 모든 사람들이 돈 때문에 건강을 거침없이 던져 버린다. 단지 동그란 쇳조각과 값진 종이를 얻기 위해서 말이다. 그들은 잘 접힌 딱딱한 껍질 속에다 돈을 넣어 몸 가리개 안에 품고 다닌다. 그리고 밤이 되면 어느 누구도 그 돈에 손을 대지 못하도록 베개 밑에다 숨겨 둔다. 그들은 날마다, 매시간마다, 그리고 매 순간마다 돈을 생각한다. 모두가, 모두가 그렇다! 아이들도 마찬가지이다! 아이들 또한 돈을 생각해야만 하고, 그렇게 해야만 마땅하다. 어머니에게 그렇게 하도록 배웠고, 또 아버지가 그렇게 하는 것을 직접 보기도 했다. 유럽 사람들 모두가 말이다! 독일의 돌 틈에 가면, 매 순간 사람들이 "마르크!" 하고 외쳐 대는

소리를 듣게 된다. 귓전을 울리는 소리는 언제나 "마르크!"뿐이다. 어디를 가나 말이다. '마르크'는 독일인들이 반짝이는 쇠붙이 조각과 값진 종이쪽에다 붙인 이름이다. 마찬가지로 프랑스에 가면 "프랑!"을 외쳐 대고, 영국에 가면 "실링!" 소리가 울려 퍼지며, 이탈리아에 가면 "리라!"를 외쳐 대는 소리가 사방을 가득 메운다. 마르크, 프랑, 실링, 리라, 이 모두가 다 똑같은 것이다. 이 모두가 바로 돈, 돈, 돈이다. 오직 돈만이 빠빠라기가 섬기는 진정한 신이다. 우리들이 가장 높이 숭배하는 하느님 말이다.

  백인들의 나라에서는 해가 떠서 질 때까지 단 한순간도 돈 없이는 살 수 없다. 배고픔과 목마름을 달랠 수 없고, 밤을 보낼 잠자리조차 찾을 수 없다. 돈이 없는 사람은 감옥에 처박히고, 신문이라 불리는 이런저런 종잇장에 실려 널리 알려지게 된다. 단지 돈이 없다는 이유 때문에 말이다. 그곳에서는 무엇을 하든 그 값을 치러야 한다. 그 말은 곧 땅을 밟고 다니기 위해서는, 움막을 세울 터를 마련하기 위해서는, 밤에 휴식을 취할 잠자리를 얻기 위해서는, 그리고 움막 안을 밝힐 빛을 얻기 위해서는 돈을 내야 한다는 말이다. 비둘기 한 마리를 쏘거나, 흐르는 강물에 몸을 씻을 때조차도 돈을 내야만 한다. 사람들이 기쁨을 누리는 곳이나 함께 모여 노래하고 춤추는 곳을 찾아가고자 할 때에도, 심지어는 자신의 형제들에게 도움말을 청하고자 할 때에도 많은 쇠붙이와 값진 종이를 내야만 한다. 한마디로 말해 세상 모든 것에 대해 값을 치러야만 한다.

어디를 가나 형제들이 서서 손을 내민다. 그럴 때 만일 그 손 안에다 돈을 건네주지 못하면, 그들은 그 사람을 경멸하거나 버럭 화를 낸다. 그럴 때는 제아무리 겸손한 미소나 상냥하게 바라보는 눈길조차도, 손을 내민 사람들의 가슴을 풀어 주는 데 아무런 도움이 되지 않는다. 그들은 목구멍이 들여다보일 만큼 입을 쫙 벌리고는 돈을 내지 못하는 사람을 향해 소리를 질러 댄다.

"이런 비렁뱅이, 게으름뱅이에 쓸모없는 놈 같으니!"

이 말들은 모두가 똑같은 것을 의미하며, 그런 말을 듣는 사람에게는 그 무엇보다도 심한 치욕을 안겨 주는 것이다. 심지어는 세상에 태어날 때도 돈을 내야만 하고, 죽을 때도 돈을 내야만 하며, 죽은 육신을 땅에 묻을 때도 돈을 내야 하고, 죽은 자를 기리기 위해 무덤가에 세울 커다란 돌덩이를 굴려 올 때도 돈을 내야 한다.

유럽에 살면서 돈을 내지 않고 해도 되는 건 한 가지뿐이다. 그건 바로 원하는 만큼 공기를 들이마시는 일이다. 하지만 내가 생각하기에 그건 아마 그들이 단지 그 사실을 깜빡 잊었기 때문일 것이다. 자신 있게 말하건대 만일 그곳 사람들이 지금 내가 하는 말을 듣게 된다면, 그들은 아마 지금 당장이라도 공기를 마시는 일에다가도 동그란 쇠붙이나 값진 종이를 내게 할 것이 분명하다. 유럽 사람들은 모두가 언제나 눈에 불을 켜고 돈을 거둬들일 구실만을 찾고 있으니 말이다.

　유럽에서는 돈이 없으면 머리가 없고 팔다리가 없는 사람이나 마찬가지이다. 돈이 없으면 아무런 존재 가치도 없는 인간인 셈이다. 그래서 누구나 돈이 있어야만 한다. 먹고 마시고 잠자는 것과 마찬가지로 반드시 돈이 필요한 것이다. 돈이 많으면 많을수록 그만큼 삶은 여유로워진다. 돈이 있으면 담배도 마음껏 피울 수 있고, 반지나 몸 가리개도 가진 돈만큼 구할 수 있다. 돈이 많으면 그만큼 많은 것을 가질 수 있는 것이다. 사람은 누구나 많이 갖고 싶어 한다. 그래서 사람들은 그만큼 많은 돈을 갖고 싶어 한다. 다른 누구보다도 더 많이 말이다. 그렇기 때문에 돈에 대한 욕심은 끝을 모르고, 그들은 언제나 눈에 불을 켜고 돈만을 밝히게 되는 것이다. 누군가가 동그란 쇠붙이를 모래밭에다 던지기라도 하면, 아이들은 그 돈을 차지하려고 떼거리로 몰려들어 서로 다툰다. 그리고 마침내 그 돈을 차지한 아이는 승자가 되어 커다란 행복감에 빠져든다. 물론 누군가가 모래밭에다가 돈을 내던지는 일은 결코 있을 수 없는 일이기는 하지만 말이다.

　돈은 어디서 생겨나는 것일까? 어떻게 하면 많은 돈을 가질 수 있을까? 돈을 버는 방법은 수없이 많고 다양하다. 쉽게 돈을 구할 수 있는 방법도 있고, 어렵사리 얻는 방법도 있다. 형제들의 머리카락을 잘라 줘도 되고, 그들의 움막 앞에 놓인 쓰레기를 치워 줘도 되며, 강물 위에서 카누를 몰아 줘도 되고, 심지어는 머릿속에 아주 근사한 계획만 갖고 있어도 된다. 이른바 유럽에서 두루 쓰이는 정의에 따라 한마디 덧붙이자면, 모든 것이 다 값진 종이나 동그란 쇠붙이를 요구하는 만큼 그곳에서는 무엇을 하든 그만큼 쉽게 돈을 벌 수 있다. 누구든 돈을 구하려면, 유럽 사람들이 '일'이라고 부르는 짓을 하면 된다.

'일을 하라. 그러면 돈을 받을 것이다.'

이것이 바로 유럽의 도덕규범이다.

하지만 유럽에는 하나의 커다란 부당한 일이 제멋대로 행해지고 있다. 그런데도 빠빠라기는 그 같은 부당함에 대해 깊이 생각지도 않고, 또 그럴 생각도 전혀 없다. 그렇게 한다면 자신들의 부당함을 스스로 인정해야 할지도 모르기 때문이다. 내가 하고 싶은 말은, 돈을 많이 가진 사람들 모두가 반드시 일을 많이 하는 것은 아니라는 사실이다. 오히려 많은 이들이 일을 하지 않고서도 많은 돈을 벌기를 원한다. 그런 일이 어떻게 해서 가능한 것일까? 예를 들어 자신이 먹고 마시고 자는 데 드는 것보다 더 많은 돈을 가지고 있는 어느 백인은, 남는 돈으로 다른 형제들에게 일을 하도록 시킨다. 자기 자신을 위해 일하도록 말이다. 처음에는 자기가 직접 하면 자신의 손이 더러워지거나 거칠어질 일거리를 다른 형제가 대신하도록 시킨다. 이를테면 자신이 싸 놓은 똥오줌을 다른 형제에게 치우게끔 하는 것이다. 돈 많은 사람이 여자인 경우라면, 어린 소녀를 일꾼으로 고용한다. 그러면 그 소녀는 주인의 더러운 잠자리와 음식 그릇과 발 껍질을 깨끗이 씻어야 하고, 찢어진 몸 가리개를 다시 멀쩡하게끔 꿰매 놓아야 한다. 하지만 어떤 경우에도 일꾼 자신에게 도움이 되는 일을 해서는 안 된다. 그에 반해 좀 더 규모가 큰 일이나 공이 많이 드는 일 또는 손이 덜 더러워지고 힘도 그다지 많이 들지 않는 기분 좋은 일을 해 주는 여자나 남자들은 일을 해 준 대가로 훨씬 더 많은 돈을 받는다.

예를 들어 배를 만드는 사람이라면, 그가 배를 만들 때 다른 누군가가 그를 도와줘야만 한다. 그럴 경우, 다른 사람의 도움을 받아 배를 만든 사람은 본래 자신이 다 가져야 마땅할 돈의 일부를 도와준 사람에게 떼어 준다. 물론 배를 만들어 번 돈의 대부분은 물론 그가 차지하지만 말이다. 그러다가 형편이 나아지면, 배를 만드는 사람은 두 명의 형제로 하여금 자신을 도와 일을 하도록 한다. 그런 다음에는 도와주는 일꾼이 셋이 되고, 그렇게 해서 도와주는 사람의 숫자는 점점 더 늘어나 백 명도 넘게 된다. 그러다가 마침내 그는 자리에 편히 누워 술을 마시거나 담배를 피우고, 다른 사람들이 완성시킨 배를 갖다 건네주고 그 대가로 돈을 받는 것 말고는 달리 아무 일도 할 필요가 없는 상황에 이르게 된다. 그때가 되면 사람들은 그런 그를 가리켜 부자라고 부른다. 그러면서 그를 부러워하고, 그에게 온갖 아부와 듣기 좋은 말만을 늘어놓는다. 왜냐하면 백인들의 세상에서 한 사람의 중요함은 그의 고귀함이나 용기 또는 훌륭한 생각에 따라 결정되는 것이 아니기 때문이다. 그들에게는 그가 날마다 얼마나 많은 돈을 버는지, 그 어떤 지진에도 파괴되지 않을 만큼 튼튼한 쇠 상자 안에는 또 얼마나 많은 돈이 들어 있는지가 무엇보다도 중요하기 때문이다.

백인들 중에는 다른 이들이 일을 해서 벌어다 준 돈을 모아, 잘 보관해 주는 곳으로 가져가는 사람들도 많이 있다. 그렇게 그곳에 점점 더 많은 돈을 가져가 쌓아 놓다 보면, 어느 날엔가는 마침내 자신을 위해 일해 줄 다른 일꾼을 부릴 필요조차 없게 된다. 그때부터는 돈 스스로가 그를 위해 일을 해 주기 때문이다. 어떤 부정한 마법을 부린 것도 아닌데 어떻게 해서 그런 일이 가능한 것인지, 나는 전혀 이해하지 못하겠다. 하지만 돈이 마치 나무에서 자라나는 나뭇잎처럼 점점 더 많아지고, 심지어 잠을 자는 동안에도 돈을 가진 사람은 점점 더 부자가 된다는 것만큼은 분명한 사실이다.

누군가가 다른 대부분의 사람들보다 더 많은 돈을 가지고 있다면, 그래서 그 돈만 있으면 수백 명이 아니라 수천 명도 넘는 사람들이 훨씬 더 편하게 일을 하며 살 수 있다 할지라도, 그는 절대로 사람들에게 돈을 나눠 주지 않는다. 두 손으로 동그란 쇠붙이들을 움켜쥐고는 두 눈 가득 탐욕과 쾌락을 번뜩거리며 값진 종이들을 깔고 앉아 있을 뿐이다.

"그 많은 돈을 가지고 무엇을 할 건가요? 여기 이 세상에서는 몸을 가리고 허기진 배를 채우며 목마른 입을 축이는 것 말고는 어차피 더 이상 할 것도 없지 않나요?"

누군가가 이렇게 물으면, 그들은 아무 말도 하지 못하거나 아니면 이렇게 대답할 것이다.

"나는 더 많은 돈을 벌 겁니다. 지금보다도 더 많은 돈을, 그리고 그보다도 훨씬 더 많은 돈을 말입니다."

그런 말을 듣는 순간, 사람들은 그가 돈 때문에 병들어 있으며 그의 모든 생각이 오로지 돈에 사로잡혀 있다는 사실을 금세 눈치챌 수 있을 것이다.

그런 사람은 병들어 있고, 미쳐 있다. 그의 영혼이 온통 동그란 쇠붙이와 값진 종이에만 얽매여 있고, 결코 만족할 줄 모르며, 가능한 한 많은 돈을 긁어모아야겠다는 생각을 떨쳐 버릴 수 없기 때문이다. 그들은 '위대한 정신은 동그란 쇠붙이나 값진 종이 없이 나를 이 세상에 보내 주셨다. 그러니 이 세상에 왔을 때와 마찬가지로, 이제 이 세상을 어떠한 괴로움이나 잘못 없이 떠나고 싶

다.'라는 생각을 하지 못한다. 단지 아주 적은 수의 몇몇 사람만이 그 같은 생각을 품고 있다. 그 밖의 대부분의 사람들은 여전히 병에 걸려 있고, 다시는 건강한 가슴을 되찾지 못한 채, 돈이 많다는 사실이 그들에게 제공하는 돈의 위력에만 기뻐할 뿐이다. 그들은 열대를 적시는 비에 젖어 썩어 버린 과일처럼 오만함으로 가득 차 있다. 탐욕에 사로잡혀 다른 많은 형제들에게 힘든 일을 시키고, 그들 자신은 기름 덩어리만 가득한 몸뚱이로 점점 더 번창해 간다. 그들은 양심의 가책조차 느끼지 못한 채 그 같은 일을 저지른다. 이제는 더 이상 결코 더러워지지 않을 자신의 아름답고 창백한 손가락을 바라보며 기뻐한다. 자신들이 계속해서 다른 사람의 힘을 빼앗아 자신의 것으로 만들고 있다는 사실 때문에 마음 아파하거나 잠 못 드는 일도 없다. 자신이 가진 돈의 일부를 다른 사람들에게 나누어 주면, 그들 또한 편하게 일하며 살 수 있을 것이라는 사실 따위에는 조금도 관심이 없다.

그렇게 해서 유럽 사람들의 절반은 열심히 더러운 일을 하며 살아간다. 그리고 나머지 절반은 거의 일하지 않거나 전혀 일하지 않는다. 일을 많이 해야 하는 사람들은 햇볕 아래 앉아 있을 시간조차 없고, 일을 하지 않아도 되는 사람들은 반대로 그럴 시간이 많다. 빠빠라기는 말한다.

"모든 사람들이 다 똑같이 많은 돈을 가질 수는 없고, 모든 사람들이 동시에 햇볕 아래 앉아 있을 수는 없습니다."

그런 원칙을 갖고 있기에, 그들은 돈을 위해서라면 얼마쯤 잔인해지는 것도 당연한 일로 받아들인다. 그의 심장은 딱딱하고, 그의 피는 차갑다. 그래서 위선적인 행동을 하고 거짓말을 한다. 돈이 되는 일이라면 정직하지 못하고 위험한 짓도 마다하지 않는다. 빠빠라기의 세계에서는 돈 때문에 다른 사람을 때려죽이는 일도 빈번하게 일어난다. 때로는 독이 담긴 말로 다른 사람을 해치고, 때로는 돈을 빼앗기 위해 실신시키기도 한다. 그렇기 때문에 사람들은 좀처럼 다른 사람을 믿지 않는다. 사람들 모두가 저마다 자신들이 갖고 있는 커다란 약점을 잘 알고 있기 때문이다. 그래서 돈이 많은 누군가가 마음씨가 착한 사람인지 아닌지를 결코 알아낼 수 없다. 아마도 그 사람은 아주 못된 사람일 수도 있다. 어쨌거나 사람들은 누군가가 어디에서 어떻게 돈을 벌었는지를 결코 알지 못한다.

그에 비해 부자들은 부자들대로, 다른 사람이 자기에게 보여주는 존경심이 자신의 인품 때문인지 아니면 자신이 갖고 있는 돈 때문인지를 알지 못한다. 물론 돈 때문인 경우가 대부분이다. 그렇기 때문에 나는 또한 동그란 쇠붙이와 값진 종이를 많이 갖고 있지 못한 사람들이 무엇 때문에 돈이 없다는 이유만으로 그다지도 창피해하는 것인지, 왜 돈 많은 사람들이 자신들을 부러워하게 만드는 대신 그들 자신이 돈 많은 사람을 부러워하는 것인지 이해할 수가 없다. 거추장스럽게 느껴질 만큼 커다란 조개껍질 목걸이를 걸고 있으면, 몸에도 안 좋고 보기에도 안 좋다. 돈이라고 하는 무거운 짐을 지고 있는 것 또한 그와 마찬가지이다. 너무 많은 돈을 지니고 있으면 숨 쉬기가 어렵고, 그만큼 사지를 마음대로 놀리기도 어렵다.

하지만 빠빠라기 가운데 누구도 돈을 포기하려 하지 않는다. 어느 누구도 말이다. 돈을 좋아하지 않는 사람은 다른 이들의 비웃음거

리가 되고, 바보 멍청이가 되고 만다. 빠빠라기는 말한다.

"부유함, 그러니까 돈이 많은 게 우리를 행복하게 해 줍니다. 그러므로 돈이 제일 많은 나라가 가장 행복한 나라이지요."

그대들 지혜로운 형제들이여, 우리 모두는 가난하다. 우리의 나라는 태양 아래 가장 가난한 나라이다. 우리에게는 궤짝 하나를 채울 만큼의 동그란 쇠붙이나 값진 종이도 없다. 빠빠라기가 보기에는 우리야말로 가장 불쌍한 비렁뱅이인 셈이다. 하지만! 그대들의 두 눈을 대하고 있노라면, 그대들의 눈빛을 부유한 유럽 신사들의 눈빛과 비교하노라면, 그들의 눈빛은 흐릿하고 생기가 없으며 지쳐 보인다는 느낌이 든다. 그에 비해 그대들의 눈빛은 거대한 태양처럼 빛나고, 기쁨과 힘과 생명과 건강함으로 반짝인다. 빠빠라기의 세계에서는 그대들과 같은 눈빛을 아직 말을 배우기 전의 어린아이들에게서만 찾아볼 수 있었다. 그들이 적어도 그때까지는 돈에 관해 아직 아무것도 알지 못하기 때문이다.

위대한 정신은 우리들을 사랑하여 악마로부터 지켜 주었다. 돈은 악마다. 그가 하는 짓은 모두 사악하며, 그와 관계되는 것들 또한 사악하게 만든다. 마찬가지로 돈을 단지 만지기만 한 사람도 돈의 마법에 사로잡힌다. 돈을 사랑하는 자는 돈의 노예가 되어, 죽는 날까지 돈에게 자신의 모든 기쁨과 힘을 갖다 바쳐야만 한다. 찾아온 손님을 후하게 대접한 대가로 무언가를 바라거나, 과

일을 건네줄 때마다 그에 대한 답례를 요구하는 자들을 경멸하는 우리의 고귀한 도덕을 사랑하자. 누군가가 다른 사람보다도 더 많이 혹은 아주 많은 것을 갖고 있는데도 다른 사람은 전혀 아무것도 갖고 있지 못하다는 사실을 용납하지 않는 우리의 오랜 전통을 사랑하자. 우리들의 가슴이, 자기 곁의 다른 형제가 슬퍼하고 불행해하는데도 혼자서만 기뻐하며 행복해할 수 있는 빠빠라기의 가슴처럼 되지 않도록 말이다.

무엇보다도 돈을 조심하자. 빠빠라기는 이제 우리들에게도 동그란 쇠붙이와 값진 종이를 내밀고 있다. 우리 또한 돈을 탐내도록 말이다. 그러면서 그 돈이 우리를 좀 더 풍요롭고 좀 더 행복하게 만들어 줄 것이라고 말을 한다. 우리들 가운데 이미 많은 사람이 그 말에 속아 넘어갔고, 그래서 심각한 병에 걸리고 말았다. 하지만 그대들은 그대들의 겸손한 형제인 내가 오직 진실만을 말하고 있다는 사실을 믿어야 한다. 돈은 그대들을 결코 즐겁고 행복하게 해 주지 못하며, 오히려 그대들의 가슴과 그대들의 모든 것을 사악한 혼란 속으로 몰아넣는다는 사실을 알아야 한다. 돈을 가지고는 어느 누구도 진실로 도와줄 수 없으며, 어느 누구도 기쁘고 행복할 수 없다는 사실을 깨달아야 한다. 그러면 그대들은 동그란 쇠붙이와 값진 종이를 그대들이 가장 미워하는 원수만큼이나 멀리하게 될 것이다.

많은 물건이
빠빠라기를 가난하게 만든다

가진 물건이 아무것도 없기에 우리는 가난하고 불쌍하며, 그래서 많은 도움과 연민을 필요로 한다고 우리를 설득하려 한다면, 그자가 바로 빠빠라기임을 그대들은 알아차려야 한다.

수많은 섬의 사랑하는 형제들이여, 내 이제 그대들에게 이 '물건'이라는 것이 무엇인지를 설명하고자 한다. 야자열매는 하나의 물건이다. 그리고 깃털 파리채, 몸 가리개, 조개, 손가락 반지, 음식 그릇, 머리 장식, 이 모든 것들이 다 물건이다. 하지만 물건에는 두 가지 종류가 있다. 먼저, 우리가 알지 못하는 사이 위대한 정신이 만드는 물건이 있다. 야자열매, 조개, 바나나 등의 이들 물건이 만들어지는 데에는 우리 인간이 수고하거나 일할 필요가 전혀 없다. 다음으로는 인간들이 만드는 물건이 있다. 손가락 반지, 음식 그릇, 깃털 파리채 등의 이들 물건이 만들어지기 위해서는 인간들이 힘들여 일해야만 한다. 이 둘 가운데 유럽 사람들이 말하는 물건은 아마도 그들이 손으로 직접 만든 물건을 뜻하는 것일 게다. 그러므로 인간이 만드는 물건, 바로 이것이 우리들에게

는 부족하다는 것이다. 그들이라면 결코 위대한 정신이 만드는 물건을 생각하며 그런 말을 했을 리가 없기 때문이다. 그렇지 않고 만일 위대한 정신이 만든 물건을 뜻하는 것이라면, 누가 우리보다 더 풍족하고, 누가 우리보다 더 많이 갖고 있겠는가? 눈을 들어, 땅끝이 커다랗고 푸르며 둥그런 반원을 그려 내고 있는 저 멀리까지를 둘러보라. 모든 것이 위대한 물건들로 가득 차 있다. 야생의 비둘기와 벌새와 앵무새가 모여 사는 태고의 모습 그대로인 숲, 해삼과 조개와 왕새우와 다른 바다 동물들이 살고 있는 해안 석호, 전사처럼 격노하다가도 아름다운 타오포우 아가씨처럼 해맑게 미소 짓는 맑은 파도가 밀려오는 바닷가 모래밭, 시시각각 변하면서 온갖 기이한 형태를 띠고 우리들에게 금색과 은색의 밝은 빛을 선사하는 거대하고도 푸른 반원 모양의 하늘. 이처럼 위대한 정신이 빚어낸 숭고한 물건들 말고도 더 많은 물건을 만들어 내는 바보 같은 짓을 우리가 무엇 때문에 해야 한단 말인가? 더욱이 우리는 절대로 위대한 정신처럼 만들어 낼 수도 없다. 우리의 정신은 위대한 정신의 힘에 비해 너무나 작고 초라하기 때문이다. 우리의 손 또한 위대한 정신의 크고 강한 손에 비해 너무도 미약하기 때문이다. 우리가 만들 수 있는 것들은 모두가 보잘것없어서, 그에 관해 말할 가치조차 없는 것들이다. 우리는 나무 막대기를 사용해 우리의 짧은 팔을 길게 늘일 수가 있다. 또, 다리가 여럿 달린 나무

그릇을 이용하면 옴폭 파인 우리의 작은 손바닥을 널따랗게 만들 수도 있다. 하지만 어떤 사모아 사람이나 어떤 빠빠라기도 이제껏 야자나무 한 그루나 카바 나무의 줄기 하나조차 만든 적이 없다.

아마도 빠빠라기는 자신들이 그 같은 물건을 만들 수 있을 것이라고, 자신들이 위대한 정신만큼이나 힘이 세다고 믿고 있는 것 같다. 그래서 수천수만의 손들은 해가 뜰 때부터 해가 질 때까지 그런 물건들을 만드느라 다른 어느 것에도 신경을 쓰지 못한다. 그들이 만들어 낸 물건의 목적을 우리는 알지 못하고, 그것의 아름다움을 우리는 알지 못한다. 그런데도 빠빠라기는 언제나 계속해서 더 많은 물건들을 만들어 낼 생각만을 하고 있다. 그들의 손은 잠시도 쉬지를 못하고, 얼굴은 타고 난 재처럼 창백하며, 등은 잔뜩 휘어져 있다. 그러다가 간혹 새로운 물건을 만들어 내는 데 성공하기라도 하면, 그들은 행복감으로 가득 차오른다. 새로운 물건이 선을 보이자마자 사람들은 모두 그 물건을 차지하려고 난리법석을 떨어 대고, 그것을 신처럼 떠받들며, 앞에 세워 놓고는 자기네 나라말로 노래 부르며 찬양한다.

오, 나의 형제들이여! 그대들이 부디 내 말을 믿어 주기를 바란다. 나는 빠빠라기의 속내를 들여다보았고, 한낮의 해가 비추듯 그들의 의도를 훤히 간파해 냈다. 빠빠라기는 가는 곳마다 위대한 정신이 만들어 놓은 물건들을 파괴했고, 그래서 이제 그들은 자신들이 망쳐 놓은 것을 자신들의 힘으로 다시금 살려 놓으려는 것이다. 그런 가운데 그 많은 물건들을 만들어 냈으니, 자신들이야말로 위대한 정신이라고 스스로 믿고 싶은 것이다.

형제들이여! 이제 얼마 안 있어 거대한 폭풍우가 몰려온다고 상상해 보라! 폭풍우는 울창한 숲과 산을 뒤흔들어 잎이란 잎, 나무란 나무를 모두 휩쓸어 가고, 바닷속의 모든 조개와 동물들을 빼앗아 가, 결국엔 우리의 젊은 처자들이 머리를 장식하는 히비스커스꽃 한 송이마저도 더 이상 남아 있지 않게 된다. 그리하여 지금 우리가 보고 있는 것들은 모래 외에는 모두 다 사라져 버리고, 대지는 활짝 편 손바닥처럼 밋밋해지거나, 아니면 펄펄 끓는 용암이 흘러내리는 작은 언덕배기처럼 되었다고 말이다. 그때가 되면, 우리는 야자나무와 조개와 울창한 숲 등 사라져 버린 모든 것들을 그리워하며 한숨지을 것이다. 빠빠라기의 수많은 움막이 서 있는 곳, 그들이 이른바 도시라고 부르는 곳은 바로 활짝 편 손바닥처럼 황량하다. 그렇기 때문에 빠빠라기는 미쳐 가고, 자신이 갖고 있지 못한 것을 잊기 위해 위대한 정신인 듯 행세하는 것이다. 그들은 그처럼 가난하고 그들이 사는 나라는 그처럼 슬프기만 하다. 그렇기에 그들은 물건을 갖기 위해 애를 쓰고, 바보 멍청이가 시들은 나뭇잎을 모으듯 물건들을 주워 모아, 그걸로 자신들의 움막을 넘쳐 날 만큼 가득가득 채우는 것이다. 그렇기 때문에 그들은 우리를 부러워하고, 우리 또한 그들처럼 가난해지기를 바라는 것이다.

인간이 많은 물건을 필요로 한다면, 그건 그들이 아주 가난하다는 증거이다. 그들에게는 위대한 정신이 베푸는 많은 것들이 부족하다는 사실을 보여 주기 때문이다. 그러므로 빠빠라기는 가난하다. 그들은 물건에 집착하기 때문이다. 그들은 그러한 물건 없이는 더 이상 살 수가 없다. 거북의 등딱지를 가지고 기름칠을 한 자신의 머리카락을 매끈하게 해 줄 도구 하나를 만들 때면, 그들은 그 도구를 넣어 둘 껍질 하나를 추가로 만든다. 그러고는 그 껍질을 보관할 작은 궤짝을 하나 만들고, 작은 궤짝을 집어넣을 큰 궤짝을 또 만든다. 그들은 모든 것을 껍질이나 궤짝 안에 넣어 보관한다. 그래서 몸 가리개를 넣어 두는 궤짝, 위 껍질과 아래 껍질을 넣어 두는 궤짝, 빨래를 넣어 두는 궤짝, 입이나 다른 곳을 닦는 수건을 넣어 두는 궤짝, 손 껍질과 발 껍질을 넣어 두는 궤짝, 동그란 쇠붙이와 값진 종이를 넣어 두는 궤짝, 먹을 음식을 넣어 두는 궤짝, 성스러운 책을 넣어 두는 궤짝 등등, 모든 것을 넣어 두는 온갖 궤짝들이 다 있다. 그들은 하나면 충분할 물건들을 이것저것 여러 가지로 만들어 놓는다. 유럽의 부엌에 가 보면, 한 번도 쓰지 않은 것 같아 보이는 음식 그릇과 요리 도구들이 여기저기 널려 있는 것을 보게 된다. 온갖 먹을 것을 담을 때도 저마다 모두 다른 그릇을 쓴다. 물을 담는 그릇과 술을 담는 그릇이 다르고, 야자열매를 담는 그릇과 비둘기 고기를 담는 그릇이 다르다.

　유럽의 움막에는 사모아의 어느 한 마을에 사는 남자들 모두가 저마다 손과 팔에 그것들을 주워 담아도 남을 만큼 아주 많은 물건들이 있다. 그것들을 들어 옮기려면 마을 사람 전체가 달려들어도 부족할 지경이다. 유럽의 움막 하나에만도 아주 많은 물건들이 들어 있다. 그래서 많은 백인 추장들은 다른 일은 전혀 하지 않고 오로지 그것들을 적당한 자리에 배치하고 먼지를 깨끗이 닦아 내는 일만 맡아 하는 남자와 여자들을 따로 필요로 할 정도이다.

　가장 지체 높은 아름다운 아가씨조차도 자신이 가진 많은 물건들을 일일이 세고 이리저리 옮기며 깨끗이 하느라 많은 시간을 들인다.

　형제들이여! 그대들은 내가 거짓을 말하지 않으며, 내가 하는 말 하나하나가 조금이라도 보태거나 조금이라도 빼지 않은 채 정말로 내가 보고 들은 것이라는 사실을 잘 알고 있을 것이다. 그렇다면 유럽에는 아무것도 없이 사느니 차라리 죽어 버리고 말겠다며 자신의 이마에다가 불이 나오는 관을 들이대 목숨을 끊고 마는 사람들도 있다는 나의 말 또한 믿어야 한다. 왜냐하면 빠빠라기는 여러 가지 다양한 방법으로 자신의 세계에만 몰두해 있고, 사람이 먹지 않고는 살 수 없듯 아무 물건도 갖지 않고는 살 수 없다며 자

기 자신과 끊임없이 이야기를 나누기 때문이다.

유럽에 머무는 동안, 나는 팔다리를 뻗는 데 아무런 방해도 받지 않고 편히 누워 쉴 수 있을 만한 움막을 단 한 번도 본 적이 없다. 모든 물건들이 번갯불 같은 눈초리를 번뜩이거나, 화려한 색깔의 주둥이로 귀청이 찢어질 듯 소리를 내질렀다. 그래서 나는 두 눈을 감을 수가 없었고, 단 한 번도 마음 편히 쉴 수가 없었다. 그럴수록 잠자리와 베개 말고는 아무 물건도 없으며, 부드러운 바닷바람 말고는 아무 소리도 들리지 않는 사모아의 내 움막을 간절히 그리워했다.

물건을 거의 갖지 못한 이들은 자신들을 가난하다 여기며 슬퍼한다. 우리들 누구나처럼 잠자리와 밥그릇 말고는 아무것도 갖고 있지 않은 사람 가운데 기쁜 마음으로 즐겁게 노래하는 빠빠라기는 아무도 없다. 백인들 세상의 남자와 여자들이 우리네 움막을 찾게 된다면, 그들은 아마도 슬픔에 젖어 한숨을 내쉴 것이다. 그들이라면 아마도 서둘러 숲으로 달려가 나무를 베어 올 것이고, 거북의 등딱지와 유리, 철사, 알록달록한 돌멩이와 그 밖의 많은 것들을 가져올 것이다. 그러고는 이른 아침부터 밤늦게까지, 자신들의 사모아 움막이 크고 작은 물건들로 넘쳐 날 때까지 손과 발을 쉬지 않고 놀려 댈 것이다. 모두가 쉽사리 부서지고, 불길에 닿거나 큰비를 맞아 젖기라도 하면 금세 못 쓰게 되고 말며, 그래서 언제나 새로이 만들어야만 하는 그런 물건들로 말이다.

진정한 유럽 사람일수록 그만큼 많은 물건들을 필요로 한다. 빠빠라기의 손은 물건을 만드느라 쉴 틈이 없다. 그래서 백인들의 얼굴은 종종 지쳐 보이고 슬퍼 보인다. 그들 가운데 아주 적은 수의 사람들만이 위대한 정신이 만든 물건을 알아볼 수 있을 뿐이다. 그래서 단지 몇몇 사람만이 마을 공터에 나와 놀고, 기쁜 노래를 짓거나 노래 부르며, 일요일이면 밝은 태양 빛 아래 모여 춤을 추고, 우리들 모두가 당연한 것으로 생각하고 그렇게 하듯* 팔다리를 움직이며 마음껏 기뻐할 뿐이다. 빠빠라기는 물건을 만들어야 한다. 그들은 자신들의 물건을 간수해야 한다. 물건들은 그들에게 달라붙어 있고, 자그마한 모래 개미처럼 그들의 몸뚱이 위를 기어 다닌다. 물건을 갖기 위해 그들은 차가워진 가슴으로 못된 짓을 저지른다. 남자의 명예를 드러내거나 자신들의 진정한 능력을 시험해 보기 위해서가 아니라, 오직 물건을 얻기 위해서 그들은 서로 싸운다.

그렇지만 그들 모두는 자신들의 삶이 얼마나 가난한 것인지

---

* 사모아의 마을 사람들은 종종 한자리에 모여 함께 놀거나 춤을 추며 즐거워한다. 춤은 어릴 적부터 배운다. 모든 마을에는 저마다 노래 부르는 사람과 시인이 살고 있다. 저녁나절이 되면, 움막마다 노랫소리가 울려 퍼진다. 그 노랫소리는 모음이 풍부한 그곳의 언어 특성과 보기 드물 정도로 섬세한 섬사람들의 음감으로 인해 무척이나 아름답게 들린다.

를 알고 있다. 그렇지 않다면 달리 하는 일은 아무것도 없이 오직 털 뭉치를 알록달록한 액체에 담가, 그걸로 두껍고 하얀 종이에다 거울에 비친 모습처럼 아름다운 그림을 그린다는 이유만으로 그처럼 대단한 명예를 누리는 수많은 백인들은 존재하지 않았을 테니 말이다. 그들은 하느님이 만들어 놓은 모든 아름다운 물건들을 화려한 색으로 힘닿는 만큼 정성 들여 그린다. 그들은 또한 부드러운 흙으로 몸 가리개를 하지 않은 인간을 빚어내기도 한다. 마타우투 마을의 아름다운 아가씨 타오포우처럼 아름답고 자유로운 몸짓을 뽐내는 소녀의 모습, 창을 던지고 활을 당기거나 숲에 사는 야생 비둘기를 노리고 있는 남자의 형상을 만들기도 한다. 빠빠라기는 흙으로 빚어낸 인간들의 모습을 보관하기 위해 유별나게 큰 움막을 짓는다. 그러면 사람들은 흙으로 만든 인간의 화려함과 아름다움을 즐기기 위해 아주 멀리에서도 찾아온다. 그러고는 다양한 몸 가리개로 온몸을 꼭꼭 휘감은 채 형상 앞에 서서, 그것들을 바라보다 몸을 떤다. 한번은 그 자신이 이미 오래전에 잃어버린 아름다움을 대하고는 너무 기뻐 엉엉 울어 대던 빠빠라기를 본 적도 있다.

 이제 백인들은 우리들 또한 부자가 되도록 돕기 위해 자신들이 그처럼 애지중지 아끼는 물건을 가져다주겠다고 한다. 하지만 이 물건이라고 하는 것은 독 묻은 화살일 뿐이다. 가슴에 꽂히면 사람을 곧바로 죽게 만드는 독화살 말이다. 우리들의 나라를 잘 아는 어느 백인이 말하는 것을 들은 적이 있다.

"우리는 당신들이 필요하다는 욕구를 느끼도록 만들고야 말 겁니다."

필요하다는 욕구야말로 바로 그들이 말하는 물건이다. 이른 바 아는 것이 많다고 알려진 그 백인은 계속해서 말했다.

"그렇게 되면 당신들에게도 기꺼이 일을 하고자 하는 마음이 생기게 될 겁니다."

그의 말이 뜻하는 바는, 우리 또한 우리들의 손의 힘을 마땅히 물건을 만드는 데 쓰게 될 거라는 것이다. 우리를 위한 물건, 하지만 무엇보다도 빠빠라기를 위한 물건을 만드는 데 말이다. 아울러 그는 우리들 또한 빠빠라기처럼 지치고 창백하며 등이 휘게 될 것이라고 말하는 것이다.

많은 섬의 형제들이여! 우리는 맑은 정신으로 깨어 있어야 한다. 빠빠라기의 말은 달콤한 바나나처럼 보이지만, 실제로는 우리 안에 숨 쉬는 모든 빛과 기쁨을 망쳐 버리는 보이지 않는 창들로 가득 차 있기 때문이다. 위대한 정신이 만들어 주는 물건을 제외하고는, 우리에게 그다지 많은 물건이 필요치 않다는 사실을 절대 잊지 말자. 위대한 정신은 우리들에게 자신이 만든 물건을 알아보도록 두 눈을 주었다. 하지만 위대한 정신이 만든 것은 너무도 많고 다양해, 한 사람이 평생 동안 본다 해도 모두 다 볼 수는 없을 정도이다. 그런데도 빠빠라기는 위대한 정신이 만든 물건은 그다지 쓸모가 없고, 자신들이 만든 물건이 그보다 훨씬 더 가치 있고 유용하노라고 말한다. 하지만 백인들의 입에서 나온 말 가운데, 이보다 더한 거짓말은 없다. 빠빠라기가 만드는 물건은 그 수가 엄청 많고, 번갯불처럼 번쩍이며, 온갖 추파를 던져 자신을 널리 알린다. 하지만 그들 가운데 어떤 것도 빠빠라기의 몸뚱이를 더욱 아름답게 만들지 못했다. 그의 두 눈은 예전과 비교해 조금도 더 밝게 빛나지 않으며, 그의 감각 또한 더욱 강해지지 못했다. 그러므로 백인들의 물건은 아무짝에도 쓸모가 없다. 결국 그들이 말하고 우리에게 강제로 전해 주고자 하는 것은 잘못된 정신과 독에 취한 잘못된 생각일 뿐이다.

빠빠라기는 시간이 없다

빠빠라기는 동그란 쇠붙이와 값진 종이를 사랑한다. 그들은 죽은 열매의 과즙과, 돼지와 소나 다른 끔찍한 동물의 고기로 자신들의 배를 채우는 것을 좋아한다. 하지만 그들은 또한 손으로 붙잡을 수는 없지만 분명 존재한다는 무엇인가를 가장 사랑한다. 바로 시간 말이다. 빠빠라기는 시간과 관련해 야단법석을 떨어 대며, 온갖 무의미한 말들을 쏟아 낸다. 해가 떠서 해가 질 때까지 사이의 시간 말고는 더 이상 다른 아무것도 존재하지 않는 것이 분명하지만, 그들은 그런 사실에 대해 결코 만족할 줄 모른다.

빠빠라기는 시간에 대해서라면 언제나 불만스러워한다. 그래서 위대한 정신에게 더 많은 시간을 주지 않았다며 불평불만을

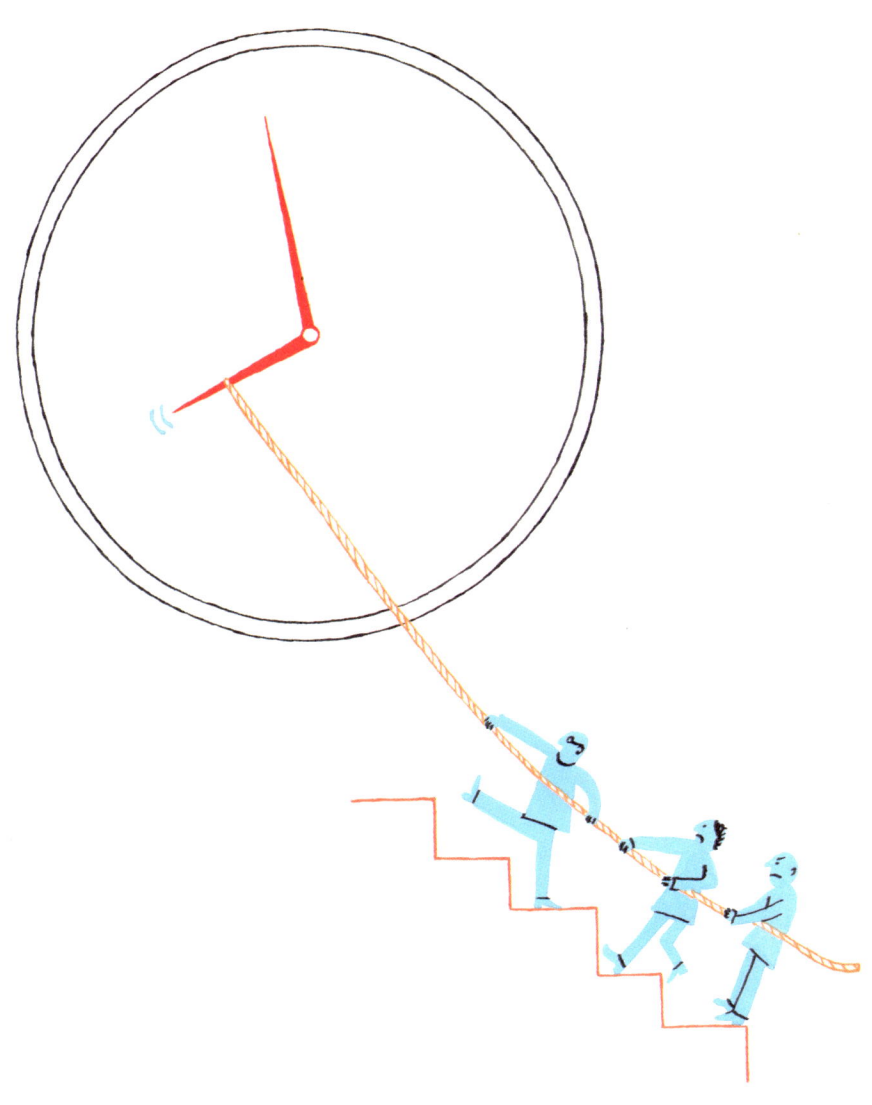

늘어놓는다. 하루하루를 확정된 계획에 따라 가르고 나누는 가운데, 그들은 신과 신의 위대한 지혜를 모독하기까지 한다. 큰 칼로 부드러운 야자열매를 열십자로 자르듯, 그들은 하루를 잘게 나눈다. 그렇게 나눠진 하루의 부분들은 저마다 '초', '분', '시간'이라는 이름을 갖는다. 초는 분보다 작고, 분은 시간보다 작다. 초나 분이 합해지면 시간이 된다. 60분이 있어야 한 시간이 되고, 초가 모여 한 시간이 되려면 그보다 훨씬 더 많은 초가 필요하다.

시간이란 것은 아주 복잡하게 얽혀 있는 문제로, 나는 그걸 완전히 이해하지는 못했다. 그처럼 유치한 문제에 관해 필요 이상으로 자꾸만 고민하다 보면, 왠지 토할 것만 같았기 때문이다. 하지만 빠빠라기는 시간에 관해 훤히 꿰뚫고 있다. 남자든 여자든, 심지어는 아직 두 발로 걷지조차 못하는 어린아이들까지도 옷 속에다 튼튼한 쇠사슬에 매달아 목에 걸거나, 가죽끈으로 손목에다 묶어 놓는 작고 납작하며 둥그런 기계 하나를 가지고 다닌다. 빠빠라기는 시계라고 부르는 그 기계를 들여다보며 시간을 읽는다. 시간을 읽는 것은 결코 간단하지가 않다. 그래서 빠빠라기는 시간 보는 법에 흥미를 갖게끔 아이들의 귀에다 시계를 가져다 대곤 하며, 그렇게 해서 빠빠라기의 아이들은 아주 어려서부터 시간 보는 법을 배운다.

시계란 것이 쭉 편 손가락 두 개 위에다 올려놓아도 충분할 만큼 작기는 하지만, 그 속은 그대들도 익히 알고 있는 커다란 배 안에 들어 있는 기계들만큼이나 복잡해 보인다. 물론 그보다 훨씬 크고 무거운 시계들도 있다. 이들은 주로 움막 안에 놓여 있거나, 아니면 멀리서도 잘 볼 수 있게끔 아주 높다란 지붕 꼭대기에 걸려 있다. 일정한 만큼의 시간이 지나면, 시계에 있는 두 개의 작은 손가락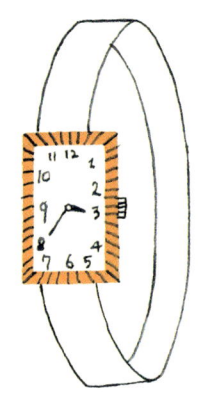
들이 그 사실을 알려 준다. 그와 동시에 시계는 소리를 질러 대는데, 그건 바로 시계의 가슴속에 있는 정령 하나가 쇠를 두들기며 내는 소리이다. 그렇게 해서 일정한 만큼의 시간이 지나면, 마을 전체는 엄청난 소음에 빠져들고 만다.

시간을 알리는 요란한 소리가 울려 퍼질 때면, 빠빠라기는 하소연하곤 한다.

"큰일이네! 그새 한 시간이 또 지나갔어!"

그렇게 탄식하는 가운데, 그들 대부분은 마치 커다란 아픔을 짊어지고 있기나 한 사람처럼 슬픈 표정을 짓는다. 이제 단지 새로운 시간이 다가왔을 뿐인데 말이다.

나는 그 같은 모습을 지켜보며, 그들 모두가 병에 걸려도 단단히 걸렸다고밖에는 달리 생각할 수가 없었다.

"시간이 나를 피해 도망가는구나!"

"시간이 쏜살같이 지나가!"

"시간 좀 달라고!"

이들 모두가 백인들이 쏟아 내는 한탄의 소리이다.

내 생각에, 이건 일종의 병인 게 분명하다. 예를 들어 어느 백인이 무엇인가를 할 생각을 갖고 있다고 하자. 그의 가슴은 어쩌면 밝은 태양 아래로 나가거나 강물 위에서 카누를 타고, 아니면 사랑하는 여인과 사랑을 나누고 싶어 할지도 모른다. 하지만 그는 내내 '내게는 즐기고 있을 시간이 없어!' 라는 생각에만 사로잡혀 있고, 그러는 가운데 대부분은 자신의 가슴이 진실로 원하는 즐거움을 망쳐 버리고 만다. 설사 시간이 있다 할지라도, 그는 도무지 그런 사실을 알아채지 못한다. 그 대신 자신에게서 시간을 빼앗아 가는 수천수만 가지의 일들을 줄줄이 늘어놓으면서, 여전히 쪼그려 앉은 채 일을 하며 불만에 가득 찬 얼굴로 불평만을 중얼거린다. 하고 싶은 생각도 전혀 없고 아무런 기쁨도 주지 못하는 일, 자신 말고는 어느 누구도 굳이 해야만 한다고 강요하지도 않는 일에 대해서 말이다. 그러다가도 문득 자신에게 충분한 시간이 있다거나, 아니면 누군가가 자신에게 귀중한 시간을 주었다는 사실을 깨닫기도 한다. 한마디 덧붙이자면, 빠빠라기는 여러 가지 방법으로 서로가 서로에게 시간을 선사한다. 이처럼 다른 사람에게 시간을 주는 일은 다른 어떤 것보다도 더 고귀한 행동으로 평가받는다. 하지만 그때가 되면 이제는 뭔가를 하고 싶다는 생각이 사라지거나, 아니면 아무런 기쁨도 얻지 못하는 일을 해 오느라 지쳐서 더 이상 아무것도 할 수 없게 되고 만다. 그래서 오늘 충분한 시간이 있어도 그들은 언제나 내일 하겠다고 입버릇처럼 말하곤 한다.

언제나 시간이 없다고만 말하는 빠빠라기가 있다. 그들은 악마에 홀린 사람처럼 정신없이 이리저리로 뛰어다니고, 가는 곳 어디에서건 다른 사람들에게 해를 끼치거나 놀라게 만든다. 자신의 시간을 잃어버렸다고 믿고 있기 때문이다. 이처럼 시간에 사로잡혀 있는 상황은 보기에도 끔찍한 모습으로, 어떤 주술사도 치료할 수 없는 심각한 병이다. 그리고 이 병은 다른 많은 사람들에게 전염되어, 그들 또한 불행에 빠뜨리고 만다.

빠빠라기는 누구나 자기의 시간에 대한 공포심에 사로잡혀 있다. 그렇기에 그들은 자신이 세상에 태어나 처음으로 위대한 태양 빛을 본 후 얼마나 많은 해가 뜨고 달이 떴는지를 아주 정확하게 알고 있다. 남자뿐만이 아니다. 여자나 어린아이들 또한 마찬가지이다. 빠빠라기에게는 얼마나 많은 시간이 흘러갔는지가 아주 중요하기 때문이다. 그래서 일정한 시간이 지나갈 때마다 그들은 꽃이나 갖가지 음식을 준비해 이를 축하한다. 백인들은 내게도 종종 나이가 몇이냐고 물었고, 그럴 때마다 나는 미소 지으며 모

른다고 대답했다. 그렇게 대답할 때마다, 그들은 내가 당연히 부끄러워하고 있을 거라고 생각한다는 사실을 나는 분명히 느낄 수 있었다. 그들은 말했다.

"자기 나이가 몇 살인지 정도는 당연히 알고 있어야지요."

하지만 나는 아무 대꾸도 하지 않았다. 그 대신 마음속으로 가만히 생각했다.

'그런 건 아마도 모르는 게 더 나을 겁니다.'

나이가 몇 살이냐는 건 얼마나 많은 달을 살았느냐를 의미한다. 하지만 그런 숫자를 세고 일일이 밝히는 것은 아주 위험하다. 그러다 보면 대부분의 인간이 살아갈 수 있는 달의 수는 얼마인지가 밝혀지기 때문이다. 빼빼라기는 저마다 정신을 바짝 차린 채, 얼마나 많은 달이 지나갔는지를 파악한다. 그러고는 말한다.

"나는 이제 곧 죽고 말 거야."

그렇게 말하는 사람에게서는 그 순간부터 모든 기쁨이 사라지고, 그리고 그는 얼마 지나지 않아 정말로 죽고 만다.

유럽에는 시간을 갖고 있는 사람이 거의 없다. 어쩌면 단 한 명도 없을지도 모른다. 그렇기 때문에 대부분의 사람들은 살아 있는 동안 던져진 돌멩이처럼 여기저기를 바쁘게 뛰어다닌다. 걸어다니는 동안에는 거의 모두가 땅만을 쳐다보고, 조금이라도 빨리 걷기 위해 두 팔을 힘차게 내젓는다. 그런 사람들을 잠시 멈춰 세우기라도 하면, 그들은 짜증을 내며 소리친다.

"왜 저를 방해하시는 겁니까? 저는 시간이 없단 말입니다. 아시겠어요?"

그들은 마치 빨리 걷는 인간이 천천히 걷는 인간보다 더 가치 있고 씩씩하기나 한 것처럼 행동한다.

한번은 화가 잔뜩 나서 미쳐 날뛰는 남자를 본 적이 있다. 그는 자기 하인이 약속한 시간보다 조금 늦게 왔다는 이유만으로 얼굴이 시뻘게져서는, 죽어 가는 물고기처럼 입을 잔뜩 벌린 채 두 눈을 부라리며 화를 참지 못해 자기 몸을 손과 발로 마구 쳐 대고 있었다. 숨 한 번 들이마시고 내뱉는 순간이 아마도 그 남자에게는 결코 회복할 수 없을 만큼 커다란 손실이라도 되는가 보다. 주인 빼빼라기는 하인을 내쫓으며 꾸짖었다.

"너는 내게서 시간을 훔쳐 갔어. 시간을 지키지 못하는 너 같은 놈은 아무짝에도 쓸모없다고!"

그 하인은 결국 그 남자의 집을 떠나야만 했다.

단 한 번, 나는 시간이 많은 사람을 만날 수 있었다. 그 사람은 결코 시간을 탓하지 않았지만 가난하고 더러우며 타락한 사람이었다. 사람들은 그런 그를 피해 멀찌감치 돌아갔고, 어느 누구도 그런 그에게 주의를 기울이지 않았다. 나는 사람들의 그 같은 행동을 이해할 수 없었다. 그의 걸음걸이는 급하지 않았고, 그의 두 눈에는 고요하고도 다정한 미소가 담겨 있었기 때문이다. 내가 그에게 다가가 질문을 던지자, 그는 얼굴을 찡그리며 슬픈 듯이 대답했다.

"저는 제게 주어진 시간을 제대로 활용할 줄 몰랐습니다. 그래서 지금처럼 가난하고 멸시받는 바보 멍청이가 되고 말았지요."

그 남자에게는 시간이 있었다. 하지만 그 또한 행복해하지는 않았다.

빠빠라기는 어떻게 하면 주어진 시간을 가능한 한 충분히 활용할 수 있을지만을 생각하며, 자신의 모든 힘을 시간을 확보하는 데에 쏟아 붓는다. 그들은 시간이 흐르는 것을 멈추게 하기 위해 물과 불과 폭풍우와 하늘의 번개까지도 이용한다. 그들은 더 많은 시간을 벌기 위해 두 발 아래에다 쇠로 만든 바퀴를 붙이고 다니며, 자신이 하는 말에다 날개를 달아 준다. 하지만 그 모든 노력과 수고가 대체 무슨 소용이 있단 말인가? 자기에게 주어진 시간을 가지고 빠빠라기는 대체 무엇을 한단 말인가? 그들은 언제나 마치 위대한 정신이 그들을 축제에 초대하기라도 한 듯 말하고 행동했지만, 나는 정작 그들의 마음속에 숨겨진 것만큼은 결코 알 수 없었다.

한 마리 뱀이 축축한 손 안에서 미끄러져 나가듯, 시간 또한 빠빠라기에게서 살그머니 달아나고 있다는 생각이 든다. 그건 그가 너무 꽉 움켜쥐려고만 하기 때문이다. 그는 손아귀를 빠져나간 시간이 자신에게 다가오도록 내버려 두지 않는다. 오히려 두 손을 활짝 벌린 채 계속해서 시간의 뒤를 쫓아다니고, 시간에게 햇볕 아래 누워 잠시라도 쉴 틈을 주지 않는다. 그는 시간이 언제나 가까이에 머무르며, 무엇인가를 노래 부르고 말해야만 한다고 생각한다. 하지만 시간은 고요하고 평화로우며, 자리 위에 편히 누워 쉬기를 좋아한다. 빠빠라기는 시간을 제대로 알지 못한다. 그는 시간을 이해하지 못하고, 그래서 자신의 거친 습성에 따라 시간을 함부로 대한다.

오, 사랑하는 나의 형제들이여! 우리는 단 한 번도 시간에 대해 불만을 말한 적이 없다. 우리는 우리를 찾아온 모습 그대로 시간을 사랑했다. 시간의 뒤를 쫓아다닌 적도 없고, 시간을 합하거나 나누려 하지도 않았다. 우리는 시간이 부족하다거나 시간 때문에 불만스럽다고 느낀 적이 결코 없다. 우리 가운데 시간이 없다고 생각하는 사람이 있다면, 어디 한번 앞으로 나와 보라! 우리들 모두는 저마다 충분한 시간을 갖고 있다. 우리는 시간에 대해 만족한다. 우리는 지금 우리에게 주어진 시간보다 더 많은 시간을 필요로 하지 않는다. 우리에게는 이미 충분한 시간이 주어져 있기 때문이다. 우리는 우리가 언제나 결코 늦는 법이 없는 넉넉한 여유를 가지고 우리의 목표에 도달한다는 사실을 알고 있다. 이미 살아온 달의 숫자를 우리가 알지 못한다 할지라도 위대한 정신은 자신의 뜻에 따라 우리를 자신의 곁으로 불러들일 거라는 사실을 알고 있다. 우리는 저 가난하며 길을 잃고 헤매는 빠빠라기가 헛된 생각에서 자유로워지도록 도와주어야 한다. 그들에게 그들의 시간을 돌려주어야 한다. 그들이 가지고 있는 작고 둥그런 시계를 부숴 버리고, 해가 떠서 질 때까지의 동안에는 사람이 필요로 하는 것보다 언제나 훨씬 더 많은 시간이 있다는 사실을 그들에게 알려 주어야 한다.

빠빠라기는 하느님을 가난하게 만들었다

　빠빠라기에게는 아주 묘하고도 복잡한 방식으로 생각하는 버릇이 있다. 언제나 그들은 어떻게 하면 무엇이 자신에게 득이 될지, 어떻게 하면 자기가 옳다는 걸 밝힐 수 있을지만을 생각한다. 그들은 대부분 한 사람만을 생각할 뿐, 모든 사람을 생각하지는 않는다. 그리고 그 한 사람은 바로 자기 자신이다.
　"내 머리는 나의 것이고, 나 이외의 다른 어느 누구의 것도 아닙니다."
　누군가가 이렇게 말한다면, 그에게는 달리 할 말이 없다. 사실이 분명 그러할진대, 어느 누구도 그에게 이의를 제기할 수 없다. 그 자신의 손에 대해 어느 누구도 그 손의 임자보다 더 많은 권리를 요구할 수는 없는 법이다. 여기까지는 나도 빠빠라기의 말이 전적으로 옳다고 인정한다. 하지만 빠빠라기는 또 이렇게도 말한다.

"이 야자나무는 내 것입니다. 내 움막 바로 앞에 서 있으니 말입니다."

그는 마치 자신이 직접 그 나무를 키우기라도 한 듯 그렇게 말한다. 하지만 야자나무는 결코 그의 것이 아니다. 절대로 말이다. 야자나무는 우리를 향해 땅에서 솟아오른 하느님의 손이다. 하느님은 아주 많은 손을 갖고 있다. 이 세상의 모든 나무, 꽃, 풀, 바다, 하늘, 그리고 하늘에 떠 있는 구름들, 이 모두가 바로 하느님의 손이다. 우리는 그것들을 가질 수 있고, 그것들을 보며 기뻐할 수 있다. 하지만 그렇다고 해서 "하느님의 손이 나의 손이다."라고 말해서는 안 된다. 그런데 빠빠라기는 그렇게 말하는 것이다.

우리말 가운데 '라우'라는 말은 '내 것이기도 하고 네 것이기도 하다.'는 의미로 사용된다. 내 것과 네 것, 이 둘이 거의 똑같은 의미인 것이다. 하지만 빠빠라기의 언어에서는 내 것과 네 것이라는 말보다 더 서로 다른 두 가지를 확실하게 구분 짓는 말은 좀처럼 찾아보기 힘들다. 내 것은 오로지 나에게만 속하는 것을 의미한다. 그에 반해 네 것은 오로지 너에게만 속하는 것이다. 그렇기 때문에 빠빠라기는 자기 움막의 영역 안에 속하는 모든 것들에 대해 이렇게 말한다.

"이건 내 것이다."

그 자신 말고는 그것들에 대해 어느 누구도 권리를 주장할 수 없다. 빠빠라기를 찾아가 그의 집에 있는 것들을 둘러볼 때면, 그게 열매이든 나무이든 물이든 숲이든 한 무더기의 흙이든, 누군가가 그것들 가까이로 다가갈 때마다 빠빠라기는 소리친다.

"그건 내 겁니다! 그러니 내 것에다 손을 댈 생각일랑 아예 하지 마세요!"

그렇게 말했는데도 누군가가 그것들에 손을 댄다면, 빠빠라기는 고래고래 소리를 질러 대며 자신의 물건에 손을 댄 사람을 도둑이라고 불러 댄다. 도둑이라는 말은 아주 불명예스러운 말로서, 누군가가 자기 이웃의 '내 것'에 함부로 손을 댔을 때 쓰는 말이다. 그러면 그렇게 소리 지르는 빠빠라기의 친구들과 대추장의 하인들이 허겁지겁 달려와, 허락 없이 물건에 손을 댄 사람을 사슬로 묶어 감옥으로 끌고 간다. 그렇게 되면 그 사람은 평생 동안을 도둑이라고 멸시당하며 살아야 한다.

누군가가 자기 것이라고 선언한 물건에 다른 사람이 손을 대는 것을 막기 위해, 몇몇 특정한 법에는 무엇이 누구의 것이고 누구의 것이 아닌지가 분명하게 밝혀져 있다. 그래서 유럽에는 다른 어떤 일도 하지 않고, 혹시라도 어느 누군가가 이 법을 어기지는 않는지, 빠빠라기가 스스로 자기 것이라고 밝힌 것을 다른 누군가가 함부로 가져가지는 않는지 지키는 일만을 하는 사람들이 있다. 빠빠라기는 그렇게 함으로써 자신들이 정말로 어떤 권리를 얻어내기라도 한 것처럼, 마치 하느님이 정말로 그에게 하느님의 소유물에 대한 권리를 영원토록 넘겨주기라도 한 것처럼 가장하는 것이다. 세상의 모든 야자나무, 나무, 꽃, 바다, 하늘 그리고 구름이 정말로 오직 그만의 것이라도 되는 것처럼 말이다.

내 것이라고는 단지 조금밖에 갖고 있지 못하거나 전혀 갖고 있지 못한 사람들이 자신의 것에 조금이라도 손대는 것을 막기 위해, 빠빠라기는 그 같은 법을 만들고 자신의 것을 지켜 주는 사람을 부려야 한다. 많은 사람들이 많은 것을 자기 것으로 가져가는 곳에는 당연히 수중에 아무것도 갖지 못한 사람들이 많이 생겨나게 마련이기 때문이다. 내 것을 많이 가질 수 있는 술수와 은밀한

기호를 모든 사람이 다 알고 있는 것은 아니다. 또한 내 것을 많이 갖기 위해서는, 우리가 명예라고 부르는 것과 언제나 일치하지는 않는 아주 특이한 종류의 용기가 필요하다. 그래서 때로는 수중에 거의 아무것도 갖고 있지 못한 사람이 빠빠라기 가운데 가장 훌륭한 사람일 수도 있다. 그들은 하느님을 병들게 하지 않고, 하느님에게서 어떤 것도 빼앗으려 하지도 않는 사람들이기 때문이다. 하지만 안타깝게도 빠빠라기 가운데는 그런 사람이 그리 많지 않다.

대부분의 사람들은 아무런 부끄럼도 없이 하느님의 것을 빼앗아 간다. 그런 짓 말고는 그들은 달리 아는 것이 없다. 그들은 자신들이 무엇인가 옳지 못한 짓을 하고 있다는 걸 알지 못한다. 모두가 그렇게 하고, 그렇게 하는 가운데 아무 생각도 하지 않으며 아무런 수치심도 느끼지 못하기 때문이다. 또한 태어나면서부터 자신의 아버지에게서 많은 내 것을 물려받는 사람들도 많이 있다. 어쨌거나 하느님은 이제 거의 아무것도 갖고 있지 못하다. 사람들은 하느님에게서 거의 모든 것을 가져가, 내 것과 네 것으로 만들어 버렸다. 그래서 하느님은 본래 모두를 위해 만들었던 해를 더 이상 모두에게 공평하게 나누어 줄 수 없다. 사람들이 저마다 다른 사람들보다 더 많이 갖겠다고 아우성치기 때문이다. 화창한 햇볕이 내리쬐는 드넓은 마당에는 종종 몇 안 되는 사람들만이 나와서 앉아 있고, 수많은 사람들은 어두운 그늘 속에서 보잘것없는 빛만을 쪼이고 있다. 하느님은 어떠한 진정한 기쁨도 더 이상 느낄 수 없다. 하느님은 더 이상 하느님의 거대한 집에 살고 있는 최고의 주인이 아니기 때문이다. 빠빠라기는 말한다.

"모든 것이 내 것이다."

그렇게 말하는 가운데 그들은 하느님을 부정한다. 빠빠라기는 끊임없이 생각하고 생각한다. 하지만 자신이 하느님을 가난하게 만들고 있다는 것은 결코 생각하지 못한다. 오히려 그 반대이다. 그는 자신의 행동이 정직하고 정당한 것이라고 선언한다. 하지만 하느님의 뜻에 비추어 볼 때, 빠빠라기의 행동은 정직하지 못하고 정당하지 못한 것이 분명하다.

제대로 생각하기만 한다면, 우리가 움켜쥘 수 없는 것 가운데 어느 것도 우리의 것이 아니라는 사실쯤은 빠빠라기도 분명 알아낼 수 있을 것이다. 그리고 우리는 본래 그 어느 것도 움켜쥘 수 없다는 사실을 말이다. 그러고 나면 그는 하느님이 자신의 거대한 집을 선사해, 모두가 그 안에서 살면서 기쁨을 누리게 했다는 사실을 깨닫게 될 것이다. 하느님이 선물한 집은 아마도 모두가 살기에 부족하지 않을 만큼 충분히 크다는 사실, 아마도 모두가 해를 조금씩 나눠 가지며 작은 기쁨을 누릴 수 있을 것이라는 사실, 야자나무들이 늘어선 바닷가는 아마도 모두를 위해 거기 있는 것이라는 사실, 그리고 그곳에는 모두가 발을 들여놓을 수 있을 저마다의 작은 공간이 분명 존재한다는 사실을 이해하게 될 것이다. 하느님은 그렇게 되기를 원하고, 그렇게 되도록 만들어 놓았다. 하느님이 자신의 자식들 가운데 어찌 단 한 명이라도 잊을 수 있겠는가? 그런데도 수많은 사람들은 하느님이 자신을 위해 마련해 준 작은 공간을 찾아 여전히 헤매고 있다.

빠빠라기는 하느님의 명령을 따르지 않고, 그들 나름대로의 법을 만든다. 그래서 하느님은 그들에게, 그들이 자기 것이라고 주장하는 재산에 해를 끼치는 많은 것들을 보낸다. 그들의 내 것을 파괴하기 위해 습기와 열기를 보내고, 그들의 내 것을 늙게 하고, 부서지게 하며, 썩게 한다. 또한 그들이 애지중지하는 것들을 지배하도록 불과 폭풍우에게 막강한 힘을 부여한다. 무엇보다도 하느님은 빠빠라기의 영혼에 두려움을 심어 준다. 자신이 가진 것들에 대한 두려움 말이다. 그래서 빠빠라기는 결코 깊이 잠들지 못한다. 낮 동안에 애써 모아 놓은 것들을 누군가가 밤에 몰래 가져가지 못하도록 깨어서 지켜야만 하기 때문이다. 그들의 손과 모든 감각은 그들의 모든 내 것과 언제나 서로 맞닿아 있어야만 한다. 그래서 모든 내 것은 그들을 끊임없이 괴롭히고, 그들을 조롱하며 말한다.

"네가 나를 하느님에게서 빼앗아 왔다. 그렇기 때문에 나는 너를 힘들게 하고, 너에게 수많은 괴로움을 주는 것이다."

하지만 하느님은 빠빠라기에게 두려움보다도 훨씬 더 무서운 벌을 내렸다. 하느님은 내 것을 단지 조금 갖거나 전혀 갖지 못한 사람들과, 엄청나게 많은 내 것을 가진 사람들 사이에 싸움이 일어나도록 했다. 이 싸움은 치열하고도 끔찍해서 밤낮으로 계속된다. 이 싸움은 모두를 힘들게 하고, 모두에게서 삶의 기쁨을 앗아 간다. 가진 자는 베풀어야 마땅하나, 그들은 아무것도 내놓으려 하지 않는다. 가지지 못한 자는 자기도 가지려 하나, 아무것도 얻지 못한다. 하지만 가지지 못한 자들 또한 하느님을 위해 싸우는 경우는 드물다. 그들 또한 대부분은 너무 늦게야 빼앗는 것에 눈을 떴거나, 아니면 솜씨가 좋지 못했거나 그럴 만한 기회를 갖지 못했던 사람들일 뿐이다. 하느님이야말로 빼앗긴 당사자라는 사실을 생각하는 사람은 거의 없다. 모든 것을 하느님의 품으로 돌려보내자고 말하는 정의로운 사람의 외침을 듣는다는 것도 아주아주 드문 일이다.

형제들이여! 사모아의 어느 마을 전체만큼이나 커다란 움막을 갖고 있으면서도 방랑자에게 하룻밤 묵어갈 자리조차 내주지 않는 사람이 있다면, 그대들은 그 사람을 어찌 생각하겠는가? 한 아름의 바나나를 손에 쥐고 있으면서도 굶주린 채 먹을 것을 얻기를 간청하는 사람에게 그중 단 하나도 내어주지 않는 사람이 있다면, 그대들은 그 사람에 대해 어떻게 생각하겠는가? 나는 그대들의 눈에 어리는 분노의 빛을 보고, 그대들의 입술에 떠오르는 경멸의 숨결을 느낀다. 그렇다! 그것이 바로 빠빠라기가 날마다 행하는 짓들이다. 그들은 백 개의 자리를 갖고 있다 할지라도, 하나도 갖지 못한 사람에게 그중 단 하나도 내어주지 않는다. 그들은 오히려 하나의 자리조차 갖고 있지 못한 자를 아무것도 가진 게 없다며 비난하고, 그건 다 그가 잘못했기 때문이라며 책임을 덮어씌운다. 그들은 움막 안을 바닥에서부터 천장에 이르기까지, 자신과 가족이 몇 년을 먹어도 남을 만큼 많은 먹을거리로 채워 놓고

자 한다. 그러면서도 먹을 게 하나도 없어 배고픔에 창백해진 사람들을 찾아 나서지 않는다. 그래서 빠빠라기의 세상에는 굶주려 창백해진 사람들이 많이 있다.

야자나무는 야자열매가 익으면 잎과 열매를 떨어뜨린다. 하지만 빠빠라기는 때가 되어도 자신의 잎과 열매를 꼭 움켜쥐고 있으려고만 하는 야자나무처럼 산다.

"이건 다 내 거야. 그러니 너희들은 여기에 손을 대도 안 되고, 먹어서도 안 돼!"

라고 소리치며 말이다. 그렇게 한다면, 야자나무에 어떻게 새로운 열매가 달릴 수 있겠는가? 그러니 차라리 한 그루 야자나무가 빠빠라기보다 훨씬 더 지혜롭다 할 수 있을 것이다.

우리들 가운데도 물론 다른 이들보다 더 많은 것을 가진 사람들이 있다. 그리고 우리는 많은 돗자리와 많은 돼지를 갖고 있는 추장에게 경의를 표한다. 하지만 우리가 바치는 존경심은 오직 그의 인품 때문이지, 그가 가지고 있는 돗자리나 돼지들 때문이 아니다. 우리는 우리의 기쁨을 드러내고 그의 위대한 용기와 현명함을 기리기 위해 그에게 그러한 명예를 선사하는 것이다. 그러나 빠빠라기는 자신의 형제가 갖고 있는 돗자리와 돼지에게 경의를 표할 뿐, 그가 지닌 용기나 현명함 따위에는 거의 관심을 갖지 않는다. 그래서 돗자리나 돼지가 하나도 없는 형제는 거의 아무런 명예도 누리지 못한다.

　돗자리나 돼지가 스스로 가난한 자들이나 배고픈 이들을 찾아갈 수는 없는 노릇이다. 그렇기 때문에 빠빠라기는 자신의 형제들에게 그것들을 가져다줄 아무런 이유가 없다고 생각한다. 왜냐하면 그들은 자신의 형제들을 존경하는 것이 아니라, 그들이 갖고 있는 돗자리나 돼지를 떠받들기 때문이다. 그래서 그들은 돗자리나 돼지를 독차지하려 하는 것이다. 하지만 그들이 만일 자신의 형제들을 사랑하고 존중하며 내 것과 네 것을 가지고 서로 다투지 않게 된다면, 그들은 형제들이 그들의 내 것을 함께 나눌 수 있게끔 형제들에게 돗자리를 가져다줄 수도 있을 것이다. 형제들을 어두운 밤거리로 내모는 대신에, 형제들과 자기 돗자리를 함께 나눌 수 있게 될 것이다.

　그러나 빠빠라기는 하느님이 우리들에게 야자나무와 바나나, 맛있는 타로감자, 숲을 날아다니는 온갖 새들, 그리고 바닷속을 노니는 모든 물고기들을 선사했다는 사실을 알지 못한다. 그로 인해 우리 모두가 기뻐하며 행복해해야 한다는 사실을 깨닫지 못한다. 많은 사람들이 굶주림과 가난함에 시달리는 가운데, 우리들 가운데 단지 몇몇 사람만이 기뻐하고 행복해할 것이 아니라 말이다. 하느님에게서 많은 것을 선물받은 이는 그것들이 자신의 손안에서 썩어 가지 않도록 다른 형제들에게 나눠 줘야 한다. 하느님은 모든 인간에게 수많은 손을 내밀기 때문이다. 하느님은 누군가가 다른 사람보다 불공평하게 많이 갖고 있는 걸 원하지 않는다. 하느님은 누군가가 "나는 태양 아래 서 있을 거야. 그러니 너는 어두운 그늘 속에 서 있어!"라고 말하는 걸 원치 않는다. 왜냐하면 우리 모두가 태양 아래 속하기 때문이다.

모든 것이 하느님의 공정한 손안에 머무르고 있는 곳에는 싸움도 없고 궁핍함도 없다. 그런데도 교활한 빠빠라기는 이제 우리들 또한 감언이설로 속이려 한다.

"이 세상에 하느님의 것은 아무것도 없어! 네가 손으로 만질 수 있는 것은 모두가 다 네 것이라고!"

그런 어리석은 말에는 귀를 닫자. 그리고 선한 양심을 지켜 나가자. 모든 것은 다 하느님의 것이다.*

---

* 사모아의 원주민들이 완전한 소유 공동체를 이뤄 살고 있다는 사실을 알고 있는 사람들이라면, 서양의 소유 개념을 경멸하는 듯한 투이아비 추장의 말을 쉽게 이해할 수 있을 것이다. 서양에서 쓰이는 내 것과 네 것이라는 개념이 그곳 원주민들 사이에서는 정말로 존재하지 않는다. 내가 그곳을 찾아가 머무르는 동안, 원주민들은 너무도 당연한 일이라는 듯 자신들의 집과 잠자리와 먹을 것을 언제나 내게도 나누어 주었다. 그곳 마을의 추장을 만날 때면, 나는 또한 그가 인사말로 다음과 같이 말하는 것을 종종 듣곤 했다.
"나의 것은 또한 그대의 것이기도 합니다."
따라서 그곳 원주민들에게는 '훔치다'라는 말이 낯설기만 하다. 모든 것이 모두의 것이기 때문이다. 모든 것은 신의 것이기 때문이다.

위대한 정신은 기계보다 강하다

 빠빠라기는 우리가 만들 수도 없고 우리가 결코 이해하지도 못하는 많은 물건을 만든다. 우리 눈에는 그것들이 그저 무거운 돌덩이와 다를 바가 없다. 우리가 거의 아무런 욕심도 내지 않을 그 물건들은 우리들 가운데 단지 심약한 사람들만을 깜짝 놀라게 만들거나 그릇된 겸손함을 드러내게 할지도 모른다. 그러니 부끄러워하지 말고, 이제는 빠빠라기의 놀라운 기술에 대해 한번 살펴보자.
 빠빠라기에게는 필요하다면 모든 것을 창이나 몽둥이로 만들 수 있는 능력이 있다. 그들은 하늘의 번개와 뜨거운 불과 빠르게 흐르는 물을 가져다가 자신들의 뜻대로 다룬다. 그들은 번개와 불과 물을 가두고, 그것들에게 명령을 내린다. 그러면 그것들은 그들의 말을 따른다. 그렇게 해서 그것들은 빠빠라기의 가장 힘센 전사가 된다. 그들은 하늘의 번개를 더 빠르고 더 밝게 만드는 거대한 비밀을 알고 있으며, 또한 불을 더욱 뜨겁게 하고 빠르게 흐르는 물을 더 빠르게 만들 수도 있다. 빠빠라기는 정말로 '하늘을 가르고 나온 자'*이자 하느님의 전령인 것만 같아 보인다. 그들은 자신의 기쁨에 따라 하늘과 땅을 지배하기 때문이다. 그들은 물고기이자 새이고, 벌레이자 말이다. 그들은 땅에다 구멍을 뚫는다. 땅을 가로질러 아주 넓은 강물 아래에 말이다. 그들은 산과 바위들을 뚫고 달린다. 쇠로 만든 바퀴를 발아래에 묶고, 가장 빠른 말보다도 더 빠르게 달려간다. 그들은 하늘로 올라간다. 날 수가 있는 것이다. 나는 그들이 하늘 위를 미끄러지는 한 마리 갈매기처럼 자유롭게 날아가는 것을 보았다. 그들에게는 물 위로 다니는 커다란 카누가 있다. 그들에게는 바다 밑을 헤엄치는 카누도 있다. 그들은 카누를 타고 구름과 구름 사이를 오고간다.

---

* '빠빠라기 Papalagi'는 '백인' 또는 '낯선 이'를 뜻한다. 하지만 빠빠라기의 본래 뜻은 '하늘을 가르고 나온 자'이다. 사모아 섬에 처음 나타난 백인 선교사는 돛단배를 타고 찾아왔다. 원주민들은 저 멀리 수평선 위로 보이는 하얀 돛단배를 하늘에 난 구멍이라고 생각했다. 그리고 그 구멍을 통해 백인은 그들에게로 왔다. 그래서 그들은 그 백인을 '하늘을 가르고 나온 자'라고 불렀다.

사랑하는 형제들이여! 나는 내가 하는 말이 진실임을 맹세한다. 그러나 내가 전하는 말이 그대들의 가슴에 의심을 불러일으킨다 할지라도, 그대들을 위해 일하는 나의 말을 믿어야 한다. 빠빠라기의 물건들은 크고도 무척이나 놀랍기만 하다. 그처럼 엄청난 그들의 힘을 대하고서 혹시나 우리들 가운데 마음이 약해지는 사람이 있지는 않을까 걱정이 되기도 한다. 그래서 나의 두 눈이 놀라움에 가득 차 바라보았던 것들을 하나도 빠짐없이 그대들에게 전해 주고자 하는 지금, 막상 어디에서부터 시작해야 할지 알 수가 없다.

그대들 모두는 백인들이 증기선이라고 부르는 커다란 카누를 이미 잘 알고 있다. 그 증기선이 마치 거대하고도 엄청나게 힘이 센 물고기처럼 보이지 않던가? 그 큰 배가 우리들 가운데 가장 힘센 젊은이들이 앉아 노를 젓는 카누보다도 더 빨리 섬과 섬 사이를 미끄러지는 일은 어떻게 해서 가능한 것일까? 증기선이 앞으로 나아갈 때, 그 끝에 달린 커다란 꼬리지느러미를 보았는가? 그 꼬리지느러미는 바닷속을 헤엄치는 물고기와 똑같이 물을 차며 움직인다. 커다란 꼬리지느러미가 거대한 카누를 앞으로 밀어 보내는 것이다. 그러한 일이 가능한 것은 바로 빠빠라기가 갖고 있는 커다란 비밀 때문이다. 이 비밀은 거대한 물고기와도 같은 증기선의 몸속에 들어 있다. 그곳에는 거대한 꼬리지느러미에 엄청난 힘을 주는 기계가 자리하고 있다. 그 자체에 그처럼 엄청난 힘을 숨기고 있는 것이 바로 이 기계인 것이다. 그 기계란 것이 대체 무엇인지, 그것을 설명하는 것은 내 머리의 능력으로는 가능한 일이 아니다. 다만 나는 그 기계가 검은 돌을 꿀꺽꿀꺽 삼키며, 그로 인해 그처럼 엄청난 힘을 내게 된다는 것만을 알고 있다. 인간이라면 결코 그 누구도 가질 수 없는 힘을 말이다. 기계야말로 빠빠라기가 갖고 있는 것 가운데 가장 강력한 무기이다. 기계에게 원시림에서 가져온 가장 억센 이피 나무를 줘 보라. 그러면 그 기계의 손은 마치 어머니가 아이들에게 줄 타로감자를 쪼개듯, 이피 나무의 억센 줄기를 부러뜨릴 것이다. 기계는 유럽의 가장 위대한 마법사이다. 기계의 손은 강하고, 결코 지칠 줄을 모른다. 원하기만 하면, 그 기계는 하루에도 수백 수천 개의 그릇을 만들어 낸다. 나는 기계들이 가장 솜씨가 빼어난 처녀의 손처럼 아주 곱고 섬세하게 몸 가리개를 짜는 것을 본 적이 있다. 그 기계들은 아침부터 밤이 되기까지 쉬지 않고 움직이며 몸 가리개들을 토해 내, 한쪽 옆에 마치 거대한 언덕처럼 수북이 쌓아 놓는다. 그 기계의 엄청난 힘에 비하면, 우리들의 힘이란 실로 초라하고도 보잘것없는 것이다.

　빠빠라기는 마법사이다. 노래를 하나 불러 보라. 그러면 그들은 그 노래를 주워 담아, 듣고 싶을 때면 언제고 다시 듣게 해 준다. 그들이 누군가에게 유리판 하나를 갖다 대면, 그 유리판 위에는 그 사람과 똑같은 모습이 남는다. 그러면 그 유리판을 사용해 그들은 수백 장이든 수천 장이든 원하는 만큼 그 사람 그림을 만들어 준다.

하지만 내가 무엇보다도 가장 놀라운 일로 받아들였던 것은 따로 있다. 분명히 말하건대, 빠빠라기는 하늘의 번갯불마저도 사로잡는다는 것이다. 그들에게는 그런 일조차도 가능하다. 그들은 번갯불을 붙잡고, 기계는 그 번갯불을 냉큼 집어삼킨다. 그리고 밤이 되면 기계는 집어삼켰던 번갯불을 수천 개의 작은 별과 반딧불이와 작은 달들로 토해 낸다. 빠빠라기에게 그 빛으로 우리들이 살고 있는 섬들을 한밤중에도 마치 대낮처럼 밝고 환하게 비추는 일 정도는 아마도 손바닥 뒤집는 것보다 쉬운 일일 것이다.

빠빠라기는 번개를 종종 다른 용도로 사용하기도 한다. 그들은 번개에게 갈 길을 지시하고, 멀리 떨어져 있는 형제들에게 전할 소식을 알려 준다. 그러면 번개는 그 명령에 따라 소식을 전한다.

빠빠라기는 자신들의 팔다리를 더욱 강하게 만들었다. 그들의 두 손은 바다를 지나 멀리 별나라에까지 이르고, 그들의 두 발은 바람과 파도를 앞지른다. 그들의 귀는 사바이 섬에서 들려오는 속삭임까지도 듣고, 그들의 목소리에는 새처럼 날개가 달려 있다. 그들의 눈은 밤에도 볼 수 있다. 그들은 인간의 몸뚱이가 맑은 물처럼 투명하기라도 한 듯 꿰뚫어 보며, 바다 밑바닥의 온갖 쓰레기도 들여다본다.

내가 생생하게 목격하였고, 그리하여 그대들에게 본 그대로 전하는 이 모든 것들은 내 두 눈이 놀라움에 가득 차 바라보았던 것들 가운데 단지 일부에 지나지 않는다. 하지만 형제들이여, 내 말을 믿으라. 언제나 새롭고 좀 더 강력한 기적을 일궈 내려는 백인들의 야심은 그 끝을 모른다. 수천 명도 넘는 사람들이 밤에도 깬 채 앉아, 어떻게 하면 하느님에게서 승리를 빼앗아 올 수 있을까만을 궁리한다. 빠빠라기는 신이 되려 하기 때문이다. 그들은 위대한 정신을 쳐부수고, 위대한 정신의 힘과 능력을 자기 것으로 만들고 싶어 한다. 그러나 하느님은 그 어떤 빠빠라기나 그 어떤 기계보다도 더욱 위대하고 더욱 강하다. 하느님은 여전히 우리 가운데 누가 언제 죽어야 할지를 결정한다. 태양과 물과 바다는 언제나처럼 그 누구보다도 하느님의 명령에 따르고 있다. 하지만 아직껏 그 어떤 백인도 달의 여정과 바람이 나아갈 길을 자기 뜻대로 결정하지는 못했다. 사실이 그렇다면, 백인들이 보여 주는 수많은 기적들은 아무런 의미가 없다. 사랑하는 형제들이여! 우리들 가운데 빠빠라기가 이뤄 낸 놀라운 일들을 보고 그 앞에 무릎 꿇는 이가 있다면, 그자야말로 마음 약한 자이다. 백인들에게 그들이 만들어 낸 것들을 나눠 달라고 간청하며, 자신의 몸과 머리가 그들과 똑같은 것을 만들어 낼 수 없다 하여 자기를 가련하고 보잘것없는 존재로 인정하고 마는 자야말로 가장 마음 약한 자이다. 빠빠라기의 모든 기적과 능력이 제아무리 우리들의 눈을 놀라게 한다 할지라도, 가장 밝은 태양빛 아래 비춰 보면 그것들은 나무막대기를 자르거나 자리를 엮어 짜는 것과 별반 다를 것이 없기 때문이다. 그들이 행하는 모든 것은 모래밭에서 노는 어린아이들의 장난과도 같다. 백인들이 만든 것 가운데, 위대한 정신의 수많은 기적과 눈곱만큼이라도 비교할 수 있을 만한 것은 아무것도 없기 때문이다.

지체 높은 사람들이 사는, 궁전이라 불리는 움막은 화려하고 거대하며 온갖 장식으로 뒤덮여 있다. 하지만 하느님을 기리기 위해 세워진 움막들은 그보다 더 아름다우며, 때로는 우폴루 섬의 토푸아 산꼭대기보다 더 높이 솟아 있기도 하다. 그렇지만 이 모든 것들은 불처럼 타오르는 꽃잎을 뿜내는 히비스커스 한 그루, 야자나무의 우듬지, 그리고 형형색색으로 빛나는 산호 숲과 비교할 때, 조잡하고 거칠기 짝이 없으며 생명의 따뜻한 피의 기운도 느껴지지 않는 것들이다. 그 어떤 빠빠라기도 하느님이 거미에게서 거미줄을 자아내듯 그렇게 고운 몸 가리개를 자아낸 적이 없으며, 그 어떤 기계도 우리네 움막에 사는 작은 모래 개미처럼 정교하고 솜씨 있지는 못하다.

빠빠라기는 한 마리 새처럼 구름을 향해 날아오른다고 말했다. 하지만 거대한 바다 갈매기는 폭풍우가 몰아칠 때에도 인간보다 더 높이 더 빠르게 난다. 더구나 빠빠라기의 날개는 단순한 눈속임일 뿐이어서 쉽게 부러지거나 떨어질 수 있는 데 반해, 갈매기의 날개는 자기 몸에서 자라난 것이다.

그들이 이뤄 낸 기적과도 같은 것들은, 모두 쉽사리 눈에 띄지는 않지만 완벽하지 못한 부분들을 가지고 있다. 움직이게끔 도와주거나 지켜보는 사람 없이 혼자서 저절로 돌아가는 기계는 없다. 그리고 그 기계들 저마다에는 은밀한 저주가 숨어 있다. 비록 기계의 강력한 손이 모든 일을 도맡는다 할지라도, 기계는 일을 하면서 우리들의 손으로 직접 만들어 낸 모든 물건 속에 담겨져 있던 사랑까지도 꿀떡 삼켜 버리기 때문이다. 그것을 어떻게 만들었는지 말해 줄 수도 없고, 일을 마친 뒤 만족한 미소를 짓지도 않으며, 그래서 어머니나 아버지에게 기뻐하시라고 가져다줄 수도 없는, 기계가 만들어 낸 카누나 나무 막대기. 그처럼 핏기도 없이 차갑기만 한 존재가 내게 무슨 의미가 있겠는가? 나는 내가 직접 만든 나무 접시들을 사랑한다. 하지만 내가 굳이 힘들여 일하지 않더라도 기계가 언제고 다시 만들어 줄 수 있다면, 어찌 지금처럼 나의 나무 접시에 애착을 느낄 수 있겠는가? 기계가 빠빠라기를 위해 무엇이든 곧바로 다시 만들어 줄 수 있기에, 그들은 더 이상 아무것도 사랑하지 않게 되었다. 그리고 바로 이것이 기계가 빠빠라기에게 내린 커다란 저주이다. 사랑의 자리가 비워진 기적을 맞이하기 위해서 그들은 자신의 가슴으로 기계를 먹여 살려야 하는 것이다.

위대한 정신은 하늘과 땅의 힘들을 스스로 규정하고, 그들을 자신의 생각에 따라 나누어 놓았다. 하지만 인간들은 결코 그렇지 못하다. 그 대가로 벌을 받으면서도, 백인들은 자기 자신이 물고기와 새가 되고 말과 벌레가 되려고 한다. 하지만 그들이 그렇게 해서 얻는 이득은 그들 스스로가 말하는 것보다 훨씬 작다. 말을 타고 마을을 지나면, 물론 빠른 시간에 원하는 곳에 다다를 수 있다. 하지만 걸어서 마을을 지나간다면 더 많은 것들을 볼 수 있고, 친구들은 그런 우리를 보며 자신의 움막으로 들어오라고 손짓하기도 한다. 목적지에 빨리 다다른다는 것이 진정한 이득이 되는 경우는 극히 드물다. 그런데도 빠빠라기는 언제나 목적지에 빨리 도달하려고만 한다. 그들이 만들어 낸 기계들은 대부분 원하는 곳에 빨리 다다르게 하는 것에만 도움을 준다. 하지만 일단 그곳에 도달하고 나면, 새로운 목표가 이제 그를 향해 다시금 손짓한다. 그렇게 해서 빠빠라기는 평생 동안 한번 제대로 쉬어 보지도 못하고 내내 달리기만 한다. 그러다 보니 걷거나 여유롭게 거니는 일을 점점 더 잊게 되고, 목표를 향해 나아가는 중에 우리가 구하지 않았는데도 우리를 찾아오는 기쁨들을 만날 기회를 점점 더 잃고 만다.

그러므로 나는 그대들에게 말한다. 기계는 커다란 백인 아이들의 멋진 장난감일 뿐, 그들이 지닌 온갖 기술들은 우리를 놀라게 하지 못한다. 빠빠라기는 자신들을 죽음 앞에서 지켜 줄 어떠한 기계도 아직 만들어 내지 못했다. 하느님이 순간순간마다 행하고 만드는 것보다 더 위대한 무엇인가를 그들은 이제껏 행하지도 못했고 만들지도 못했다. 어떤 기계, 어떤 기술, 어떤 마법도 지금껏 인간의 생명을 연장시키거나 인간을 더욱 기쁘고 행복하게 하지 못했다. 그러니 하느님이 만든 경이로운 기계와 하느님의 지고한 능력을 굳게 믿으며, 자신이 신이라도 되는 것처럼 행동하려는 백인들을 경멸하자.

빠빠라기의 직업과
그 안에서 길을 잃고 헤매는
빠빠라기에 관하여

빠빠라기는 저마다 하나씩 직업이란 걸 갖고 있다. 직업이란 게 무엇인지를 설명하기는 쉽지 않다. 원래는 그것으로 인해 많은 즐거움을 누려야 마땅하지만, 사실은 대부분 아무런 기쁨도 느끼지 못하는 그런 것이다. 하나의 직업을 갖는다는 건 결국 언제나 똑같은 일만을 해야 함을 뜻한다. 이 말은 사람들이 두 눈을 감고서도 아무 어려움 없이 해낼 수 있을 만큼 그 일을 자주 한다는 것이다. 그러니까 내가 다른 일은 전혀 하지 않고 오직 움막을 짓거나 자리 짜는 일만을 계속한다면, 움막 짓기나 자리 짜기가 나의 직업이 되는 셈이다.

남자들이 갖는 직업이 있고, 여자들이 갖는 직업도 있다. 물가에서 빨래를 하거나 발 껍질을 반짝거리게 닦는 일은 여자들이 갖는 직업이다. 넓은 바다 위로 배를 몰거나 숲에서 비둘기를 사냥하는 일은 남자들의 직업이다. 여자들은 대부분 결혼을 하는 즉시 직업을 그만둔다. 하지만 남자들은 결혼을 하면서부터 비로소 더 열심히 직업 생활을 하기 시작한다. 모든 어른 남자들은 청혼자가 뭔가 번듯한 직업이 있을 때만 그에게 자신의 딸을 건네준다. 따라서 직업이 없는 빠빠라기는 결혼을 할 수가 없다. 결국 백인 남자들은 누구나 직업을 가지고 있어야만 한다.

그렇기 때문에 사내아이가 자기 몸에 문신을 새기기 훨씬 전부터, 그러니까 성인식을 치르기 전부터 빠빠라기는 누구나 앞으로 평생 동안 무슨 일을 하고 살 것인지를 일찌감치 결정해야 한다. 사람들은 그걸 두고 직업을 선택한다고 말한다. 직업을 선택하는 것은 아주 중요한 일이다. 그래서 가족들은 다음 날 무엇을 먹을 것인지를 결정하는 것만큼이나 그 일에 대해 많은 이야기를 나눈다. 만일 어떤 아이가 자리 짜기라는 직업을 선택했다면, 아이의 아버지는 어린 아들을 오로지 자리 짜는 일만을 하는 사람에게 데려간다. 그러면 그 사람은 아이에게 어떻게 자리를 짜는지 직접 보여 준다. 그렇게 해서 그는 아이가 쳐다보지 않고도 자리를 짤 수 있게끔 가르치게 된다.

그렇게 되기까지는 종종 오랜 시간이 걸린다. 하지만 일단 아이가 그 정도로 일을 할 수 있게 되면, 그 즉시 아이는 가르쳐 준 스승을 떠나게 된다. 그때가 되면 사람들은 이제 그 아이가 직업을 가졌다고 말한다.

만일 그 아이가 훗날 자리를 짜는 것보다 움막을 짓는 일이 자신에게 더 잘 어울린다는 사실을 깨닫게 되면, 사람들은 그걸 두고 직업을 잘못 선택했다고 말한다. 그 말은 곧 그가 과녁을 제대로 맞히지 못했다는 것과 똑같은 뜻이다. 직업을 잘못 선택했다는 사실을 뒤늦게 깨닫는 것은 커다란 아픔을 동반한다. 왜냐하면 이제 와서 다른 직업을 선택하는 것은 생각처럼 간단한 일도 아니고, 관습에 어긋나는 일이기도 하기 때문이다. 제대로 된 빠빠라기라면 이렇게 말해서는 안 된다.

"나는 이 일을 못하겠어요. 하고 싶은 생각이 전혀 없다고요!"

"그 일을 하려면 도무지 두 손이 말을 듣지 않습니다."

이렇게 말하는 건 그의 명예를 떨어뜨리는 일이기 때문이다.

빠빠라기의 세계에는 바닷가에 굴러다니는 돌만큼이나 많은 직업들이 있다. 사람이 하는 일이라면 무엇이든 직업이 된다. 누군가가 빵나무의 시든 나뭇잎을 모으고 있다면, 그는 그렇게 함으로써 자신의 직업을 수행하는 것이다. 또 누군가가 음식 그릇을 깨끗이 닦고 있다면, 그게 그의 직업인 것이다. 누군가에 의해 어떤 일들이 행해진다면, 그것들 모두가 다 하나의 직업이다. 손으로 하는지 머리로 하는지는 아무 상관이 없다. 어떤 생각을 갖는 다든지 하늘에 떠 있는 별들을 바라보는 것 또한 하나의 직업이 다. 사람이 할 수 있는 일 가운데 빠빠라기가 직업으로 삼지 않는 것은 아무것도 없을 정도이다.

그러므로 어느 백인이 "나는 편지 쓰는 사람입니다."라고 말한다면, 그게 바로 그 사람의 직업이다. 그는 계속해서 편지를 쓰는 일 말고는 다른 어떤 일도 하지 않는다. 그는 자신의 잠자리를 둘둘 말아 대들보 위에 올려놓지도 않고, 빵나무 열매를 구우러 부엌에 들어가지도 않으며, 자신이 먹고 난 그릇을 씻지도 않는다. 그는 물고기를 먹지만 물고기를 잡으러 가지는 않는다. 열매를 먹지만, 나무에서 열매를 따는 일은 전혀 하지 않는다. 그는 단지 계속해서 편지를 쓰고, 또 쓸 뿐이다. 왜냐하면 편지를 쓰는 것이 그의 직업이기 때문이다. 그와 마찬가지로 자리를 말아 들보에 올리기, 빵나무 열매 굽기, 그릇 닦기, 물고기 잡기, 열매 따기 등이 모두 그 자체로 하나의 충분한 직업이 된다. 그리고 일단 하나의 직업으로 인정받으면 비로소 누구에게든 그가 하는 일을 해도 된다는 권한이 주어진다.

그렇게 해서 대부분의 빠빠라기는 단지 자신의 직업에 속하는 일만을 할 수 있게 된다. 머릿속에 지혜가 많고 팔에는 강한 힘이 실려 있는 대추장조차 자신의 잠자리를 말아 들보에 올리거나

자신의 식기를 닦는 일을 할 수 없게 되는 것이다.

그래서 아주 멋진 편지를 쓸 수 있는 사람은 손수 카누를 저어 넓은 바다로 나가지 않아도 되고, 반대로 카누를 저어 바다로 나아갈 수 있는 사람은 멋진 편지를 쓰지 않아도 되는 것이다. 직업을 갖는다는 것은 뛰거나 맛보거나 냄새 맡거나 싸울 수 있는 일들 중에 단지 어느 하나만 계속해서 할 수 있으면 되는 것을 의미한다. 하지만 바로 이처럼 단 하나만 할 수 있다는 것에 커다란 문제가 놓여 있고 커다란 위험이 깃들어 있다. 왜냐하면 살다 보면 누구나가 다 한번쯤은 카누를 몰고 바다로 나가야만 할 상황에 처할 수도 있기 때문이다.

위대한 정신은 나무에서 열매를 따거나 늪에서 타로감자의 뿌리를 건져 올릴 수 있게끔 우리에게 두 손을 주었다. 적에 맞서 우리의 몸을 지킬 수 있게끔 우리에게 두 손을 주었다. 춤을 추며 놀거나 다른 모든 즐거운 일들을 하며 기쁨을 누리라고 우리에게 두 손을 주었다. 언제나 계속해서 움막만을 짓거나 열매만을 따고, 또는 타로감자만을 들어 올리라고 우리에게 두 손을 준 것이 아니다. 우리의 두 손은 필요하다면 언제라도 우리의 하인이 되고 전사가 되어야 마땅하다.

하지만 빠빠라기는 그러한 사실을 이해하지 못한다. 그들이 하는 짓이 정말로 잘못된 것이며 위대한 정신의 본래 의도와 전적으로 어긋나는 짓이라는 건, 직업 때문에 언제나 앉아만 있느라 돼지처럼 아랫배에 기름기만 덕지덕지 붙어 더 이상 제대로 걷지도 못하는 백인들이 있다는 것만 봐도 잘 알 수 있다. 언제나 펜대만 잡고 있느라 이제는 창을 들어 올리거나 던지지도 못하는 사람들도 있다. 그들은 언제나 그늘 아래 앉아 편지를 쓰는 일 말고는 아무것도 하지 않았던 것이다. 또한 언제나 별들만을 쳐다보거나 자신의 머릿속에서 생각을 끄집어내는 일에만 몰두했기에, 야생마 한 마리조차 제대로 다루지 못하는 사람들도 있다. 나이가 들어 어른이 되어서도 어린아이처럼 여전히 껑충껑충 뛸 수 있는 빠빠라기는 거의 찾아보기 힘들다. 그들은 걸어갈 때도 무엇인가에 끊임없이 방해받기라도 하는 사람처럼 다리를 질질 끌며 엉거주춤 앞으로 나아간다. 그러면서도 그들은 자신들의 약한 모습을 부정하거나 미화하면서 이렇게 말하곤 한다.

"달리거나 펄쩍펄쩍 뛰는 짓은 위엄 있는 어른에게는 어울리지 않습니다."

하지만 그 같은 말은 단지 위선으로 가득 찬 핑계에 불과할 뿐이다. 사실은 그들의 뼈가 딱딱하게 굳어 움직이지 않게 된 것이며, 근육이란 근육은 모두 뛰고 달리는 기쁨을 잃어버리고 만 것이다. 그것은 다 직업이 그들의 뼈와 근육을 잠들어 죽게 만들었기 때문이다. 그러므로 직업 또한 결국은 삶을 망쳐 놓는 악마이다. 사람의 귀에다 대고 듣기 좋은 말을 속삭이면서, 어느새 그 사람의 몸뚱이에 흐르는 피를 빨아 먹고 마는 악마 말이다.

그뿐만이 아니다. 직업은 지금 말한 것 말고도 또 다른 방식으로 빠빠라기에게 해를 끼치며, 자신의 본색이 악마임을 드러내는 것이다.

숲 속의 나무들을 베어 와서 기둥으로 다듬는 일, 그런 다음 기둥을 세우는 일, 그 위에다 지붕을 얹는 일, 그리고 기둥과 들보와 그 밖의 다른 모든 것들을 야자나무 끈으로 정성 들여 한데 묶고 나면 맨 마지막으로 사탕수수의 마른 잎으로 덮는 일 등, 움막을 짓는 일은 진정한 기쁨이다. 한마을 사람들 모두가 모여 추장의 집을 세우고, 심지어는 어린아이와 부녀자들까지도 성대한 축제에 동참할 때면, 그것이 얼마나 대단한 기쁨인지는 굳이 말하지 않아도 다들 잘 알 것이다.

마을 사람들 가운데 단지 몇 안 되는 사람만이 숲에 들어가 나무를 베고 그 나무들을 다듬어 기둥으로 만들어 낼 수 있다면, 그대들은 무어라고 말하겠는가? 그리고 나무를 베고 기둥을 다듬는 일만이 자신들의 직업이기에, 이 몇 안 되는 사람들이 이제 기둥을 세우는 일을 도울 수 없다면? 그리고 기둥을 세우는 사람들은 서까래 짜 맞추는 일을 도울 수 없고, 서까래 짜 맞추는 일을 하는 사람들은 사탕수수 잎으로 지붕을 얹는 일을 도울 수 없다면?

바닥에 깔 자갈을 바닷가에서 주워 오는 일은 단지 그 일을 직업으로 삼은 사람들만이 할 수 있고, 그래서 다른 사람들 모두가 함께 나서서 도울 수 없다면? 결국 그 움막을 세운 사람들 모두가 한자리에 모여 기뻐하는 것이 아니라, 단지 그 움막에 사는 사람들만이 집들이를 하며 기뻐한다면?

분명 그대들은 깔깔대고 웃으며 말할 것이다.

"단지 하나만을 할 수 있을 뿐 그 밖의 다른 모든 것을 할 수 없다면, 그리고 무슨 일을 하든 서로가 서로를 도울 수 없다면, 인간의 힘이란 게 대체 무슨 소용이 있단 말인가? 그렇게 된다면 우리의 기쁨은 단지 반 토막짜리가 되거나, 아니면 우리는 아무런 기쁨도 느끼지 못할 것이다."

몸의 다른 부분이나 감각이 마치 마비되거나 죽기라도 했다는 듯, 그대들의 손을 단지 한 가지 목적에만 사용하라고 요구하는 사람이 있다면, 그대들은 또한 그 사람을 바보 멍청이라고 놀리며 손가락질할 것이다.

바로 여기에서 빠빠라기에게는 가장 큰 어려움이 생겨난다. 한 번쯤 개울가에 나가 물을 긷는 일은 즐거운 일이다. 하루에 몇 번쯤을 한다 해도 아마 마찬가지일 것이다. 하지만 아침에 해가 떠서 밤이 깊어질 때까지 날마다 물을 길어야만 한다면, 온몸에 힘이 빠지도록 하루 종일 계속해서 물을 길어야만 하는 사람이 있다면, 그는 아마도 자기 몸을 억압하고 있는 족쇄에 분노해 불같이 화를 내며 마침내 손에 든 두레박을 집어 던지고 말 것이다. 언제나 똑같은 일을 되풀이해야 한다는 것은 누구에게든 가장 견디기 힘든 일이기 때문이다.

그런데 빠빠라기의 세상에는 불빛도 없고 햇빛도 들어오지 않는 더러운 방 안에서 단지 손을 들었다 내렸다 하거나, 막대기를 밀쳤다 당겼다 하는 사람들이 있다. 그나마 날이면 날마다 똑같은 우물에서 물을 긷는 일이라면 차라리 그들에게 크나큰 기쁨을 줄 수 있을지도 모르겠다. 하지만 그들은 그렇지가 못하다. 그들은 힘만 들고 아무런 즐거움도 주지 못하는 무의미한 일들을 하고 있는 것이다. 그런데도 빠빠라기는 그처럼 손을 들었다 내렸다 하거나 막대기를 밀쳤다 당겼다 하는 일이 꼭 필요하다고 생각한다. 그렇게 해야만 회칠을 한 둥근 테나 가슴 가리개를 마름질하고, 바지 단추나 그 밖의 것들을 만들어 내는 기계를 다루고 움직일 수 있기 때문이다. 유럽에는 아마도 우리네 섬에 자라고 있는 야자나무보다 더 많은 사람들이 살고 있다. 하지만 그들의 얼굴은 하나같이 타고 난 재처럼 창백하다. 그들이 직업으로 삼은 일에서 아무런 즐거움도 찾지 못하기 때문이다. 그들의 직업이 그들에게서 모든 기쁨을 앗아 갔기 때문이다. 그들이 하는 일에서는 기뻐할 만한 열매 하나도, 심지어는 나뭇잎 하나조차 싹 트지 않기 때

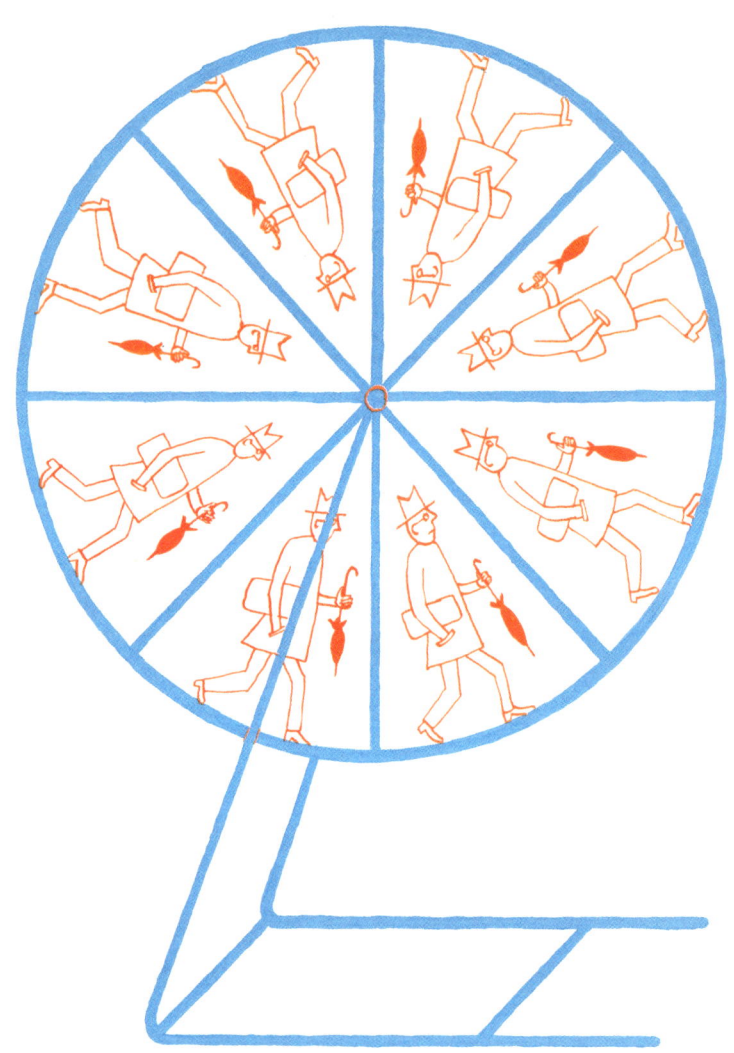

문이다.

빠빠라기의 가슴속에서는 인간의 직업에 대한 증오의 불길이 타오른다. 그들 모두는 저마다의 가슴속에 사슬에 묶인 짐승과도 같은 무엇인가를 품고 있다. 그 사슬은 점점 더 조여만 오는데, 그들은 그 사슬에서 벗어날 수가 없다. 그래서 그들 모두는 시기와 질투에 가득 차 서로의 직업을 비교하며, 어느 직업이 좀 더 낫고 어느 직업이 좀 더 못하다느니 하며 많은 말들을 나눈다. 하지만 직업은 모두 다 반쪽짜리일 뿐이다. 인간은 단지 손이나 발 또는 머리로만 이루어진 존재가 아니기 때문이다. 이 셋 모두가 하나가 되어야 비로소 온전한 인간이기 때문이다.

손과 발과 머리는 하나가 되기를 원한다. 몸뚱이 모두와 감각이 하나로 합쳐질 때, 그때야 비로소 인간의 가슴은 진정한 기쁨을 누릴 수 있다. 어느 한 부분만이 살아 있고 다른 부분들은 모두 죽어 있어야 한다면, 인간은 결코 진정으로 기뻐할 수 없는 것이다. 이러한 사실이 빠빠라기를 혼란 속에 빠뜨리고, 좌절과 질병 속으로 몰아넣는다.

빠빠라기는 직업 때문에 혼란 속에 빠져 살아간다. 하지만 그들은 그러한 사실을 알려고도 하지 않는다. 그래서 내가 이러한 말들을 하는 것을 듣게 된다면, 그들은 분명 나를 가리켜 바보 멍청이라고 손가락질하며 비웃을 것이다.

"저기 저자가 마치 자기가 재판관이나 되는 것처럼 판결을 내리려고 하지만, 그건 어림도 없는 일이지."

그들은 지금껏 직업을 가져 본 적도 없고 유럽 사람들처럼 일을 해 본 적도 없는 내게는 그럴 자격이 없다고 믿기 때문이다.

머리 위에 지붕을 이고 있어 비바람을 막아 준다면, 그리고 마을 공터에서 벌어지는 축제에 참가할 수 있다면, 우리는 충분히 행복할 수 있노라고 하느님은 우리에게 말한다. 그런데 우리가 무엇 때문에 그보다 더 많은 일을 해야 한단 말인가? 그 이유에 대해서 빠빠라기는 결코 우리에게 진실을 말하지도 않았고, 우리를 이해시키지도 못했다. 그들 눈에는 우리가 하는 일이 어쩌면 너무 적고 우리의 형편이 가난해 보일는지도 모르겠다. 하지만 수많은 섬의 우리 형제들은 기쁨에 겨워 자신의 일을 할 뿐, 결코 괴로워하며 일하지 않는다. 그렇지 않다면 차라리 아무 일도 하지 않는다. 바로 그 점이 우리와 백인을 갈라놓는 차이이다. 자신의 일에 관해 이야기할 때면, 빠빠라기는 마치 무거운 짐에 억눌리기라도 한 듯 한숨을 내쉰다. 하지만 사모아의 젊은이들은 노래 부르며 타로감자밭으로 일하러 나가고, 마을의 아낙네들은 졸졸 흐르는 시냇가에 모여 노래 부르며 빨래를 한다. 위대한 정신은 우리가 일을 하느라 사색이 되고, 석호 속의 두꺼비나 작은 파충류처럼 기어 다니는 것을 분명 원하지 않는다. 위대한 정신은 우리가 무슨 일을 하든, 흐르는 물처럼 자유로운 팔다리를 지니고 기쁨으로 가득 찬 두 눈을 반짝이며 당당하게 서 있는 인간으로 남아 있기를 원한다.

거짓된 삶의 공간과 종이 묶음에 관하여

큰 바다의 사랑하는 형제들이여, 그대들을 위해 겸손히 일하는 나는 유럽에 관한 진실을 전하기 위해 아주 많은 것들을 이야기해야만 할 것이다. 그러자면 나의 말은 아침부터 저녁까지 콸콸거리며 흐르는 시냇물처럼 쏟아져 나와야 할 테지만, 그렇다 할지라도 그대들이 알게 되는 진실은 충분하지 못할 것이다. 왜냐하면 빠빠라기의 삶은 어느 누구도 그 시작과 끝을 헤아릴 수 없는 바다처럼 넓고 넓기 때문이다. 그들의 삶은 거대한 바다처럼 수많은 파도로 물결친다. 그들의 삶은 폭풍우처럼 몰아치다 거품을 토해내며 부서지기도 하고, 꿈을 꾸듯 미소 짓기도 한다. 어느 누구도 그처럼 드넓은 바닷물을 한 뼘의 손으로 모두 다 길어 낼 수는 없듯, 미미한 나의 능력으로는 유럽이라는 큰 바다 또한 그대들에게 모두 다 전해 줄 수가 없다.

하지만 나는 한 치의 망설임도 없이 그대들에게 유럽에 관해 말하고자 한다. 물이 없이는 바다가 존재할 수 없듯, 거짓된 삶의 공간과 종이 묶음 없이는 유럽의 삶 또한 존재할 수 없다. 빠빠라기에게서 이 둘을 빼앗는다면, 그들은 아마도 거센 파도에 떠밀려 뭍 위로 내던져진 물고기와도 같은 신세가 되고 말 것이다. 이제는 몸뚱이를 버둥대기만 할 뿐, 언제나 즐겨 그러했듯 바닷속을 헤엄쳐 마음대로 돌아다니지 못하는 물고기 말이다.

거짓된 삶의 공간, 백인들이 '영화관'이라 부르는 이곳을 그대들에게 직접 보듯 설명하기란 쉬운 일이 아니다. 유럽의 마을에 가면 어느 곳에나 영화관이라는 은밀한 장소가 있다. 사람들은 그곳을 선교 학교보다 훨씬 더 좋아하며 즐겨 찾는다. 어린아이들도 그곳에 가기만을 꿈꾸며, 그들의 머릿속은 영화관에 관한 생각들로 가득 차 있다.

영화관은 우폴루 섬에서 가장 큰 추장의 움막보다도 크다. 그보다도 훨씬 더 큰 움막이다. 그 움막 안은 밝은 대낮에도 사람이 사람을 알아보지 못할 정도로 어둡고 컴컴하다. 그 안으로 들어갈 때에도 눈이 멀 정도로 캄캄해지지만, 그곳에서 밖으로 나올 때에는 그보다도 훨씬 더 앞이 보이지 않는다. 그래서 그 안에서는 사

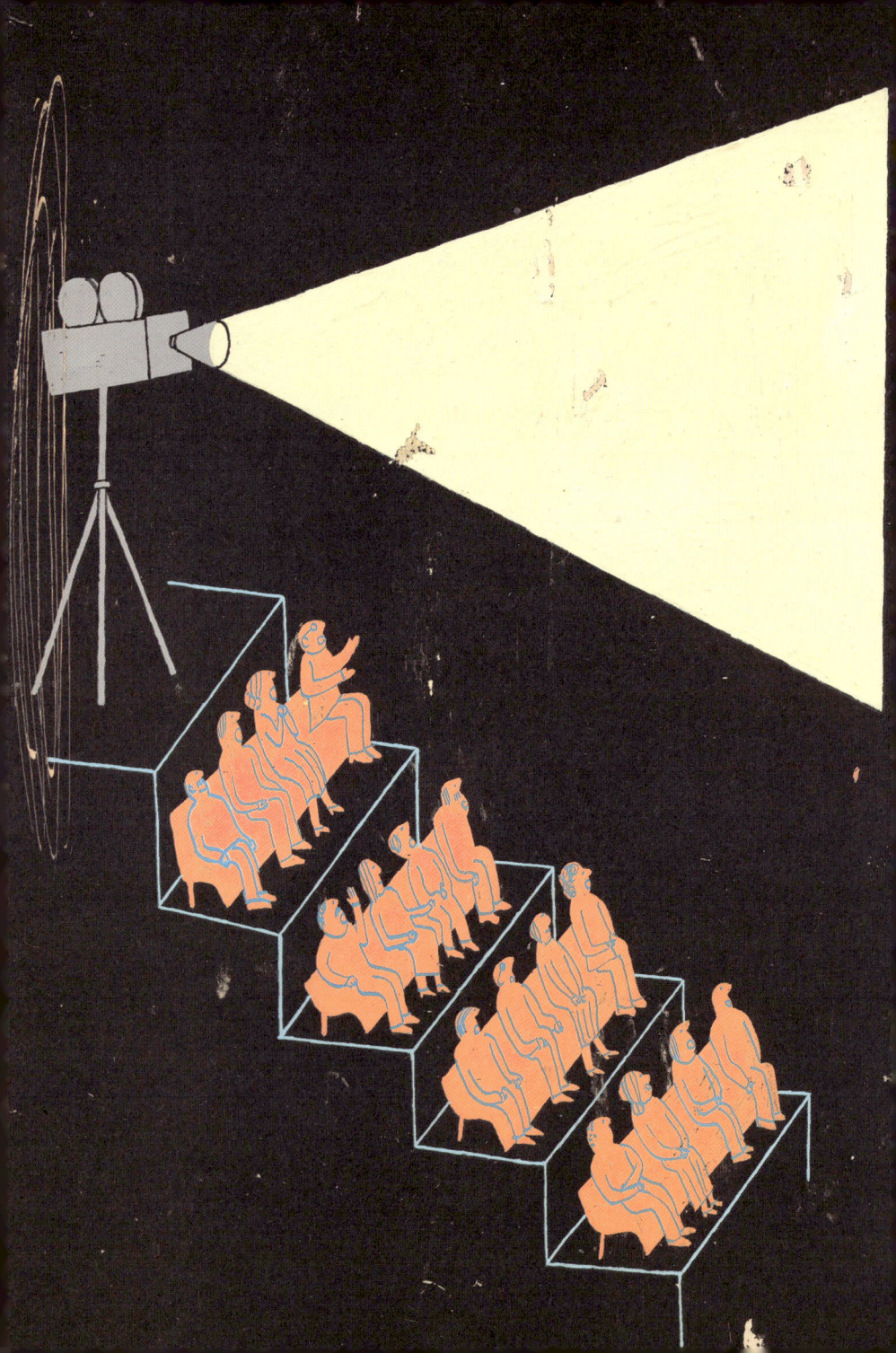

람들이 모두 다 엉금엉금 기어 다니며, 더듬더듬 벽을 짚으며 앞으로 나아간다. 그러고 있으면 손에 밝은 불을 든 젊은 아가씨가 다가와, 아직 앉을 자리가 있는 곳으로 사람들을 데리고 간다. 그러한 어둠 속에서 이제 빠빠라기들은 어깨가 맞닿을 정도로 비좁은 자리에 쪼그린 채 나란히 앉는다. 그렇게 해서 어두운 공간은 침묵하는 사람들로 가득 찬다. 하지만 어느 누구도 다른 사람은 쳐다보지 않는다. 사람들 모두가 저마다 좁다란 널빤지 위에 앉아 있는데, 그 널빤지들은 하나같이 한쪽 벽면을 향하고 있다.

그 벽면의 바닥에서는 깊고 좁은 골짜기 아래서 울려 퍼지는 것과 같이 윙윙거리는 거대한 소리가 솟아 올라온다. 그리고 두 눈이 어느 정도 어둠에 익숙해졌다 싶은 순간, 누군가가 앞에 앉아서 그들이 피아노라고 부르는 궤짝 하나와 싸움을 하고 있는 것이 보인다. 그는 쫙 핀 손가락으로 그 궤짝 위를, 정확히 말하면 커다란 궤짝 위로 보이는 여러 개의 하얗고 까만 작은 혓바닥들을 정신없이 두들겨 댄다. 그러면 혓바닥들은 기겁을 해 저마다 날카로운 소리를 내지르는데, 손가락이 닿을 때마다 모두가 다른 소리를 낸다. 그 소리들은 마치 마을 간의 큰 싸움에서 나는 것과 비슷하게 느껴질 정도로 거칠고 종잡을 수 없는 날카로운 울음소리다.

이처럼 시끄러운 소리들은 우리들의 기분을 바꿔 줘, 우리가 보고 있는 것을 믿고 그것이 사실이라는 것을 의심하지 않게끔 만들어 주기 위한 것이라고 한다. 이윽고 앞의 벽 쪽을 향해 달빛이 내리비추듯 밝은 빛이 뻗어 나간다. 그러면 그 빛 속에서 사람들이 나타난다. 그들은 빠빠라기처럼 보이며, 몸 가리개도 그렇게 입고 있다. 그들은 이런저런 몸짓을 하고 이리저리 왔다 갔다 하며, 유럽 어느 곳에서나 볼 수 있는 사람들처럼 달리고 웃고 뛴다. 그 모습은 마치 해안 석호에 비친 달의 그림자를 보는 것과도 똑같다. 즉 석호에 비친 달의 그림자가 달이지만 달이 아닌 것처럼, 우리 눈앞에 펼쳐지는 모습 또한 단지 하나의 비쳐진 그림일 뿐인 것이다. 빛 속에 나타난 사람들 저마다가 입을 움직이는데, 그 모습을 보며 사람들은 그들이 말하고 있다는 걸 전혀 의심하지 않는다. 하지만 사람들의 귀에는 어떠한 소리나 말도 들리지 않는다. 아무리 귀를 기울이고 무슨 소리를 하는 것인지를 들어 보려 애를 써도, 아무것도 들리지 않는다. 빠빠라기가 조금 전까지 피아노 상자를 그렇게 열심히 두들겨 댔던 것도 바로 그러한 이유 때문이다. 그는 그렇게 함으로써 귀가 울려 그 사람들이 하는 말을 듣지 못하는 것일 뿐이라는 생각을 갖게 하려는 것이다. 가끔씩은 앞에 보이는 빠빠라기가 뭐라고 말했는지, 아니면 뭐라고 말하게 될 것인지를 알려 주는 글자들이 벽면 위에 떠오르기도 한다.

 그렇지만 벽 앞에 나타난 사람들은 거짓 인간일 뿐, 진짜 인간이 아니다. 만일 손을 뻗어 그들을 잡으려 한다면, 그들이 빛으로 만들어져 손으로는 잡을 수 없는 인간들이란 걸 이내 깨닫게 될 것이다. 단지 빠빠라기 자신의 모든 기쁨과 슬픔, 어리석음과 나약함을 보여 주기 위해 거짓 인간들은 그곳에 존재한다. 빠빠라기는 가장 아름다운 여인들과 가장 멋진 남자들을 아주 가까이에서 바라본다. 비록 거짓 인간들이 한마디 말이 없다 할지라도, 빠빠라기는 그들이 움직이는 모습을 보고 그들의 눈이 빛나는 것을 본다. 마치 그들이 자신을 바라보고 있고, 자신에게 말을 거는 것처럼 느끼는 것이다. 빠빠라기는 실제라면 자신과 결코 한자리에 같이 있을 수조차 없을 대추장과 동등한 인물이 되어, 아무 방해도 받지 않은 채 그를 바라보기도 한다. 빠빠라기는 큰 모임이나 잔치 또는 축제에 참가해, 마치 자신이 그들과 함께 직접 먹고 마시며 춤을 추는 것 같은 느낌을 즐기기도 한다. 또는 빠빠라기 가운데 누군가가 어느 가족의 딸을 빼앗아 가는 모습을 지켜보기도 하고, 아니면 어느 아가씨가 자신의 남자에게 부정한 짓을 저지르는 걸 본다. 또한 격분한 남자가 어느 부자의 멱살을 움켜쥐고, 그의 손가락들이 살 속 깊숙이 파고들어 목을 조이며, 부자의 두 눈이 툭툭 불거져 튀어나오고, 이내 부자가 죽고 말자 그의 몸 가리개에서 동그란 쇠붙이와 값진 종이를 빼앗아 가는 걸 보기도 한다. 두 눈이 그처럼 기쁘거나 끔찍한 모습들을 지켜보는 동안, 빠빠라기는 내내 아무 말도 없이 가만히 앉아 있어야만 한다. 부정한 처녀를 나무라서도 안 되고, 죽어 가는 부자를 구하겠다고 그리로 달려들어서도 안 된다. 상황이 그런데도 그들은 아무런 고통도 느끼지 않는다. 그들은 마치 심장이 없는 사람이기라도 한 것처럼, 그 모든 것들을 그저 편히 즐기며 바라본다. 놀라움도 느끼지 못하고, 혐오감도 느끼지 못한다. 마치 자기 자신과는 아무 관계도 없는 다른 세계에서 일어나는 일이기라도 하듯, 그저 지켜보고만 있을 뿐이다. 왜냐하면 지켜보는 사람들은 언제나, 자기 자신이 앞에 보이는 거짓 인간들보다 훨씬 더 훌륭한 사람이라고 굳게 믿고 있기 때문이다. 그리고 그 자신은 눈앞에 펼쳐지는 정도의 어리석음은 이미 충분히 뛰어넘었노라고 믿고 있기 때문이다. 한마디 말도 못하고 숨도 제대로 쉬지 못한 채, 그의 두 눈은 앞의 벽만을 뚫어져라 바라보고 있다. 그러다가 아주 감동적이거나 숭고한 장면을 대하게 되면, 그것들을 자신의 가슴속에 갈무리하며 혼잣말처럼 중얼거린다.

"저게 바로 나의 모습이지."

빠빠라기는 나무 의자에 앉아 눈 한 번 깜빡이지 않고, 앞에 가로놓인 매끈한 벽만을 바라보고 있다. 그 벽면 위에는 어느 마법사가 뒷벽의 좁은 틈을 통해 비춰 주는 현란한 빛줄기 외에는 아무것도 없다. 그렇지만 그 벽면 위에서는 수많은 거짓된 삶들이 펼쳐진다. 진짜 생명을 갖고 있지 못한 거짓된 모습들을 각자 자기 안으로 끌어들이는 것, 그것이야말로 빠빠라기에게는 무엇보다도 커다란 즐거움을 선사한다. 영화관이라는 이 어두운 공간에서 아무런 수치심도 느끼지 않고 어느 누구도 자신의 눈빛을 확인하지 못하는 가운데, 그들은 하나의 거짓된 삶 속으로 빠져들어가는 것이다. 가난한 자는 부자가 될 수 있고, 부자는 가난한 자가 될 수 있다. 병든 자는 자신이 건강하다고 상상할 수 있고, 약한 자는 강하다고 생각할 수 있다. 이 어둠 속의 거짓된 삶에서는 누구나가 자신의 모습을 선택할 수 있고, 실제의 삶에서는 이제껏 겪어 보지 못했고 앞으로도 경험하지 못할 무엇인가를 마음껏 즐길 수 있는 것이다.

거짓된 삶 속에 열정적으로 빠져드는 것은 빠빠라기의 커다란 즐거움 가운데 하나가 되었다. 그런 열정이 얼마나 대단한지, 때로는 그로 인해 실제의 삶을 잊어버리기까지 할 정도이다. 하지만 그러한 열정은 일종의 병과도 같은 것이다. 건강한 사람이라면 어두운 공간에서 거짓된 삶을 누리기보다는, 밝은 태양 아래서 따뜻한 실제의 삶을 즐기려 할 것이기 때문이다. 이러한 빗나간 열정으로 인해, 많은 빠빠라기는 거짓된 삶의 공간을 벗어난 뒤에도 여전히 거짓된 삶과 실제의 삶을 구분하지 못한다. 그 결과 혼란에 빠져 자신이 가난한데도 부자라고 믿고, 추한데도 아름답다고 생각하게 된다. 때로는 실제의 삶이라면 결코 행하지 못했을 못된 짓을 저지르기도 한다. 그 까닭은 무엇이 실제이고 무엇이 거짓인지를 구분하지 못하기 때문이다. 이는 술을 너무 많이 마셔 마치 파도 위를 걷는 것 같다던 유럽 사람을 만났을 때, 그대들이 그들을 보며 느꼈던 것과 아주 비슷한 상황이기도 하다.

종이 묶음 역시 빠빠라기에게는 일종의 취한 상태와 몽롱한 기분을 불러일으킨다. 그렇다면 종이 묶음이란 게 대체 무엇일까? 이는 얇고 하얗고 한 번 접혀져 있으며, 마치 타파 풀로 만든 자리처럼 생겼다. 그걸 반으로 나눠 한 번 더 접은 종이 위에는 장마다 모두 글씨로 가득 차 있다. 그것도 아주 빽빽하게 말이다. 이게 바로 종이 묶음이라는 것인데, 빠빠라기는 그걸 신문이라고 부른다.

이 종이 묶음에는 빠빠라기의 대단한 지식들이 들어 있다. 그들은 매일 아침이나 저녁마다 그 종이 묶음 사이에 얼굴을 들이밀고는, 자신들의 머리를 매번 넘쳐 날 정도로 새로이 채워 넣는다. 바나나를 충분히 먹어서 배가 든든한 말이 더 잘 달릴 수 있듯, 그렇게 해야만 좀 더 생각을 잘하고 많은 것들을 머릿속에 주워 담을 수 있기 때문이다. 빠빠라기가 아직도 자리에 누워 자고 있을 무렵, 심부름꾼은 벌써 온 나라를 헤집고 돌아다니며 집집마다 종이 묶음을 돌린다. 충분히 잠을 자고 일어난 빠빠라기가 일어나자마자 제일 먼저 붙잡는 것이 바로 신문이기 때문이다. 종이 묶음을 읽을 때면, 그들의 두 눈은 종이 묶음이 전해 주는 이야기들을 뚫어져라 바라본다. 모든 빠빠라기가 다 똑같은 일을 한다. 다들 종이 묶음을 읽는 것이다. 그들은 유럽의 대추장들과 대표자들이 모임에서 만나 무슨 이야기를 나누었는지에 대해 읽는다. 그들이 나눈 말이 아주 어처구니없는 소리였다 할지라도, 그 말은 종이 묶음에 정확하게 기록되어 있다. 그들이 모임에서 입었던 몸 가리개에 관해서도 정확히 설명되어 있고, 누가 무엇을 먹었는지, 그들의 말 이름은 무엇인지, 그리고 그들이 상피병*에 걸렸거나 빈약한 생각을 갖고 있는 것은 아닌지 등도 자세히 기록되어 있다.

우리들 나라에서라면 종이 묶음에는 아마도 이렇게 적혀 있을 것이다.

'마타우투 섬의 풀루 누우 판사는 오늘 아침 충분히 잠을 자고 일어난 뒤, 먼저 어젯밤에 먹다 남은 타로감자를 먹었다. 그런 다음 낚시를 하러 갔고, 점심나절이 되어 다시 움막으로 돌아왔다. 그러고는 집 안에 있는 자리 위에 누워, 저녁이 될 때까지 노래를 부르며 성경을 읽었다. 그의 아내 시나는 맨 먼저 아이에게 젖을 먹였고, 그런 다음 미역을 감으러 갔다. 시나는 집으로 돌아오

---

* 이른바 코끼리 가죽 피부병이라 불리며, 조직이 과도하게 증식되어 환부가 부풀어 오르고 딱딱해져 코끼리의 피부처럼 되는 병이다. 특히 사지가 비정상적으로 부풀어 오른다.

는 길에 예쁜 푸아꽃 한 송이를 발견했다. 그 꽃으로 머리를 장식한 뒤, 다시 움막으로 돌아왔다.'

　일어난 일들, 그리고 인간이 행하거나 행하지 않은 일들 모두가 전달된다. 인간이 품은 좋은 생각이나 나쁜 생각도 마찬가지이고, 닭이나 돼지는 어떻게 잡는지, 카누는 어떻게 만드는지 등도 보고된다. 일어나거나 있었던 일 가운데, 이 종이 뭉치가 꼼꼼하

게 다루지 않는 것은 온 나라에 아무것도 없다. 이를 두고 빠빠라기는 "모든 일에 관해 충분한 정보를 갖는다."라고 말한다. 그들은 한 번 해가 뜨고 다음 번 해가 뜰 때까지 사이에 자기네 나라에서 일어난 일들 모두에 관해 정확하게 알고 싶어 한다.

빠빠라기는 어쩌다 자신이 알지 못한 일이라도 생기면 잔뜩 화를 낸다. 그처럼 그들은 모든 걸 게걸스럽게 먹어 치운다. 모든 끔찍한 일들이 보고되고, 건강한 정신의 소유자라면 한시라도 빨리 잊고 싶어 할 것들 또한 전달된다. 사실 끔찍스럽고 마음 아프게 하는 이야기들이 좋은 소식들보다도 오히려 더욱 정확하고 세세하게 전해진다. 마치 선한 것을 전하는 것은 악한 것을 전하는 것만큼 중요하지도 않고 기쁜 일도 아니라는 것처럼 말이다.

신문을 읽게 되면, 친구들이 무엇을 하고 무슨 생각을 하며 무슨 좋은 일이 있는지 알아보기 위해 굳이 아폴리마 섬이나 마노노 섬 또는 사바이 섬까지 찾아가지 않아도 된다. 그저 자기 집 자리에 편하게 누워 있으면, 종이 묶음이 그 모든 소식을 들려주기 때문이다. 그런 이야기를 듣다 보면, '그것 참 아주 편하고 좋은 거네!' 하는 생각이 들지도 모르겠다. 하지만 그건 섣부른 판단일 뿐이다. 예를 들어 그대들이 다른 형제를 만났다고 하자. 그런데 그대들 모두는 이미 머리를 종이 묶음 사이에 들이민 다음이었고, 그래서 서로가 서로에게 이야기해 주고 싶은 새롭거나 진기한 이야기들은 더 이상 하나도 남아 있지 않다. 모두가 저마다의 머릿속에 다 똑같은 것들을 담고 있기 때문이다. 그렇게 되면 그대들은 침묵하거나, 아니면 신문이 말했던 것들을 단지 되풀이해 서로에게 들려줄 뿐이다. 하지만 축제에 참가해 함께 기뻐하거나 슬픔을 함께 나누는 것은, 그런 것들을 자기 눈으로 직접 보지 못한 채 다른 사람의 입을 통해 알게 되는 것과는 다르게 언제나 더 강한 힘을 지니고 있다.

신문이란 게 우리의 정신에 끼치는 나쁜 점은 그게 다가 아니다. 신문은 우리에게 무슨 일이 있었는지만을 알려 주는 게 아니다. 신문은 또한 우리에게, 우리가 이 일에 대해 이렇게 생각하고 저 일에 대해 저렇게 생각해야만 한다고도 알려 준다. 우리의 대추장이나 다른 나라의 대추장에 대해 어떻게 생각해야 하는지를 비롯해, 모든 사건과 인간이 하는 일 등 세상 모든 것에 관해서 말이다. 신문은 모든 사람의 머리를 다 똑같은 것으로 만들려고 한다. 신문은 나의 머리나 나의 생각을 없애 버리려고 하는 것이다. 그 대신, 모든 사람들이 신문의 머리와 신문의 생각을 갖기를 요구한다. 그리고 신문의 그 같은 요구는 성공하고 있다. 그래서 아침에 일어나 종이 묶음을 읽는다면, 그대들은 낮 무렵이 되면 빠빠라기의 머릿속에 무엇이 들어 있고, 그들이 저마다 무슨 생각을 하는지를 다 알 수 있게 될 것이다.

신문 또한 일종의 기계이다. 신문이라는 기계는 날마다 많은 새로운 생각들을 만들어 낸다. 사람들 저마다의 머리가 만들어 낼 수 있는 것보다 더 많은 생각을 말이다. 하지만 그것들 대부분은 당당함도 없고 힘도 없는 나약한 생각들일 뿐이다. 종이 묶음은 우리들의 머리를 많은 생각으로 가득 채운다. 그러나 그렇다고 해서 우리의 머리를 더욱 강하게 만들지는 못한다. 마치 우리가 우리의 머릿속을 모래로 가득 채우거나 한 것처럼 말이다. 빠빠라기는 자신들의 머리를 그처럼 아무짝에도 쓸모없는 종이 생각으로 채운다. 하나의 생각을 밀어내기도 전에, 다른 새로운 생각을 또다시 받아들인다. 그렇게 해서 그들의 머릿속은 홍수림 늪처럼 되고 만다. 진흙으로 덮여 숨이 막히고, 그 안에서는 어떤 풀이나 열매도 더 이상 자라지 못하며, 그저 불쾌한 안개만이 피어오르고, 쏘아 대는 벌레들만이 날아다니는 홍수림 늪 말이다. 거짓된 삶의 공간과 종이 묶음이 빠빠라기를 오늘과 같은 모습으로 만들어 놓았다. 그들은 길을 잃고 헤매는 나약한 인간이다. 그들은 사실이 아닌 것을 사랑하고, 사실인 것을 더 이상 알아보지 못하는 인간이다. 그들은 물에 비친 달그림자를 보며 그것이 달인 줄 알고, 글자가 적힌 종이를 보며 그것을 진짜 삶이라고 받아들이는 인간이다.

생각이라는 큰 병

'정신'이라는 말을 입에 올릴 때면, 빠빠라기의 두 눈은 크고 동그래지며 경직된다. 자랑스럽다는 듯 가슴은 잔뜩 나오고, 호흡은 가빠지며, 적을 쳐부순 전사처럼 온몸은 쭉 펴진다. 왜냐하면 이 정신이라는 것이야말로 그들이 특별히 자랑스러워하는 무엇이기 때문이다. 지금 말하는 정신은, 그에 비하면 우리들 모두가 단지 옹색하고 초라한 존재일 뿐이라고 선교사들이 종종 말하는 그들의 하느님, 즉 강하고 위대한 정신을 뜻하는 것이 아니다. 지금 말하는 정신이란, 인간에게 속해 인간의 생각을 만들어 내는 작은 정신을 지칭하는 것이다.

내가 여기 서서 교회당 뒤편에 서 있는 망고 나무를 바라본다면, 그건 정신이 아니다. 나는 단지 그 나무를 바라보고 있기 때문이다. 하지만 그 망고 나무가 교회당보다도 더 높다는 걸 깨닫는다면, 그것은 정신이다. 다시 말해 정신이란 무엇인가를 바라볼 뿐만 아니라, 그 무엇을 또한 알고 있어야만 하는 것이다. 빠빠라기는 이러한 지식을 해가 뜰 때부터 해가 질 때까지 계속해서 익힌다. 그들의 정신은 언제나 화약이 재워진 불 대롱 같고 던져진 낚싯대처럼 팽팽하다. 그런 그들은 수많은 섬의 형제들이 아무런 지식도 익히지 않는다며 우리를 불쌍히 여긴다. 우리가 정신이 가난하며, 야생의 동물처럼 어리석다는 것이다.

우리가 좀처럼 지식을 익히지 않는다는 것, 다시 말해 빠빠라기가 '생각하기'라고 부르는 짓을 하지 않는다는 것은 아마 맞는 말일 게다. 하지만 많이 생각하지 않는 사람이 어리석은 것이 아니라, 너무 많이 생각하는 사람이 오히려 어리석은 것은 아닐까 하는 의문이 든다. 빠빠라기는 끊임없이 생각한다.

'내 움막은 야자나무보다도 더 작아.'

'야자나무는 폭풍우가 밀려오면 휘어지지.'

'폭풍우가 오면 커다란 소리가 나.'

그들은 이렇게 생각한다. 물론 자기들 방식대로 말이다. 그들은 또한 자기 자신에 대해서도 생각한다.

'나는 키가 크지 않아.'

'아가씨의 모습을 볼 때면, 내 가슴은 기쁨으로 차오른다.'
'나는 말라가 섬에 가는 걸 무척 좋아한다.'

그런 생각을 하는 것은 즐겁고 좋으며, 머릿속으로 이 같은 놀이를 즐기는 사람들에게 여러 가지 도움을 줄 수도 있을 것이다. 하지만 빠빠라기는 너무 많이 생각해서, 그들에게는 생각하기가 버릇이 되고, 없어서는 안 될 것이 되며, 일종의 강압적인 속박이 되고 말았다. 그래서 그들은 언제나 계속해서 생각해야만 한다. 그들에게는 생각하지 않고 온몸으로 조화롭게 사는 것은 거의 불가능한 일이 되고 만 것이다. 빠빠라기는 종종 머리로만 산다. 그리하여 그들이 똑바로 걷고 말하며 먹고 웃는 동안에도 다른 모든 감각들은 깊은 잠 속에 빠져 있는 것이다. 생각하기, 그리고 생각하기의 열매인 생각이 그들을 붙잡고 놓아주지 않는다. 이러한 상황은 자기 자신의 생각에 취해 있는 것이나 마찬가지이다. 햇빛이 아름답게 비칠 때면, 그들은 곧바로 생각한다.

'태양이 정말 아름답게 빛나는구나!'

하지만 그렇게 생각하는 것은 잘못이다. 잘못도 아주 큰 잘못이요, 어리석기 짝이 없는 짓이다. 왜냐하면 태양이 빛날 때는 아무 생각도 하지 않는 것이 더 낫기 때문이다. 그럴 때면 현명한 사모아 형제들은 따사로운 햇볕 아래 온몸을 쭉 펴고 누워 아무 생각도 하지 않는다. 그들은 머리로만 햇볕을 받아들이지 않는다.

손과 발과 허벅지와 배, 다시 말해 온몸으로 햇볕을 받아들인다. 그들은 자신의 살갗과 온몸이 혼자서 생각하게 내버려 둔다. 머리가 생각하는 것과 다른 방식이기는 하지만, 그것들 또한 생각을 하기 때문이다. 하지만 빠빠라기에게는 생각한다는 것이 길을 가로막고 있어서 혼자의 힘으로는 결코 옮겨 놓을 수 없는 거대한 용암 덩어리와 같다. 그들은 기쁜 생각을 하면서도 웃지 않는다. 슬픈 생각을 하면서도 울지 않는다. 배가 고파도 타로감자나 팔루사미*를 먹지 않는다. 그들 대부분은 자신의 감각이 자신의 정신과 원수가 되어 서로 담을 쌓고 사는 그런 인간이다. 둘로 갈라진 인간인 것이다.

    사바이 섬으로 배를 타고 떠나는 한 남자가 있다. 그는 바닷물 위에 배를 띄우자마자 생각한다.

    '사바이에 도착하려면 얼마나 많은 시간이 걸릴까?'

    그런 생각을 하며 배를 저어 나가는 동안, 그는 주위에 펼쳐지는 정겨운 풍경을 보지 못한다. 얼마 안 있어 갑자기 왼쪽에 산등성이가 나타난다. 그러자 그는 산등성이에서 눈을 떼지 못한 채 또 생각한다.

    '저 산 뒤에는 무엇이 있을까? 어쩌면 깊거나 좁은 만이 있는

---

* 사모아 인들이 즐겨 먹는 요리.

건 아닐까?

그는 그런 생각을 하느라 젊은이들이 부르는 뱃노래를 따라 부르는 걸 잊는다. 또한 젊은 아가씨들이 흥에 겨워 주고받는 재미있는 이야기들도 듣지 못한다. 만과 산등성이가 등 뒤로 멀어지자, 그는 또다시 새로운 생각에 사로잡힌다.

'저녁이 되기 전에 어쩌면 폭풍우가 밀려올지도 몰라. 맞아! 폭풍우가 몰아칠지도 모른다고!'

그렇게 생각하며 그는 구름 한 점 없는 맑은 하늘에서 먹구름을 찾는다. 그런 가운데 그의 머릿속은 혹시나 다가올지도 모르는 폭풍우 걱정으로 온통 가득 차 있다. 하지만 끝내 폭풍우는 밀려오지 않고, 배는 저녁 무렵이 되어 무사히 사바이 섬에 도착한다. 그러나 그는 아무 여행도 하지 않은 것이나 다름없는 상황이다. 그의 생각은 자신의 몸뚱이에서 한참이나 멀리 떨어져 있었고, 계속해서 배 밖에 머물렀기 때문이다. 그럴 바에는 차라리 우폴루 섬에 있는 자기 움막에 남아 편히 쉬고 있는 게 나았을 것이다. 빠빠라기의 삶은 바로 이 남자의 경우와 여러모로 닮아 있다.

우리를 이처럼 괴롭히고 불안하게 만드는 정신은 악마이다. 그런데도 우리가 무엇 때문에 그런 악마를 좋아해야 한다는 것인지 도무지 이해가 되지 않는다. 빠빠라기는 자신의 정신을 사랑하고 떠받들며, 자신의 머릿속에서 나온 생각들로 정신을 살찌운다. 그들은 정신을 굶게 하는 법이 결코 없으며, 단지 생각들이 서로 어긋날 때면 조금은 힘들어한다. 그들은 자신의 생각들을 시끄럽게 떠벌리고, 생각들이 마치 버릇없이 자란 아이처럼 큰 소리로 떠들어 대도 그냥 내버려 둔다. 자신의 생각이 마치 꽃과 산과 숲처럼 소중한 것이라도 되는 듯 행동한다. 그들은 사나이가 용감하다거나 어느 처녀가 즐거운 기분을 갖고 있는 것 따위는 자신의 생각에 비하면 아무런 가치도 없는 것처럼 말한다. 인간은 많이 생각해야만 한다는 법칙이 어딘가에 존재하기라도 하는 듯 행동한다. 마치 그게 하느님이 내린 명령이나 되는 것처럼 말이다. 야자나무나 산들이 생각을 한다면, 그것들은 생각을 하더라도 그렇게 시끄럽게 하지는 않을 것이다. 만일 야자나무들이 빠빠라기처럼 시끄럽고 요란하게 생각을 한다면, 분명 어떠한 초록색 나뭇잎이나 어떠한 황금빛 열매도 맺지 못할 것이다. 잎과 열매는 채 여물고 익기도 전에 떨어져 버리고 말 것이다. 생각하는 것이 모든 것을 빨리 늙고 추하게 만든다는 것은 오랜 경험을 통해 볼 때 분명한 사실이기 때문이다. 그러므로 야자나무나 산들이 그리 많은 생각을 하지 않는다는 것은 불을 보듯 당연한 일이다.

    더구나 생각을 하는 데에는 여러 가지 방식이 있고, 정신의 화살이 노리는 과녁도 아주 다양하다. 아주 멀리 있는 것들을 생각하는 사람의 운명은 슬프다.

'내일 아침 여명이 밝아 올 때면, 이것은 어떻게 될까?'

'내가 저승 세계인 살레페에 가게 된다면, 위대한 정신은 나를 어떻게 대할까?'

'최고의 신 타갈로아의 전령이 내게 영혼 아가가를 선사하기 전, 나는 어디에 있었을까?'

이런 생각을 하는 것은 마치 눈을 감고 해를 보려 하는 것처럼 아무런 도움도 되지 않는다. 결코 가능하지도 않다. 그와 마찬가지로 먼일을 생각하거나 끝의 시작에 관해 생각하는 것 또한 불가능하다. 그런 생각을 해 보려고 시도하는 자들은 그런 사실을 느끼게 될 것이다. 그들은 물총새처럼 젊은 시절부터 어른이 될 때까지 한곳에만 쪼그리고 앉아 있다. 태양과 먼바다와 아름다운 아가씨를 더 이상 보지 않는다면, 그들에게는 아무런 기쁨도 없고 아무것도 남지 않는다. 정말이지 아무것도 남지 않는다. 그런 그들에게는 카바 술조차도 더 이상 아무런 맛이 없고, 마을 공터에서 춤을 출 때에도 그들은 오직 땅만을 내려다본다. 그런 사람들은 비록 죽은 것은 아닐지라도, 살아 있는 것 또한 아니다. 생각이라는 큰 병이 그들을 엄습해 사로잡고 있기 때문이다.

빠빠라기들은 이러한 생각하기가 머리를 크고 높게 만들어 준다고 한다. 유럽에서는 누군가가 많이 생각하고 빨리 생각하면, 그 사람이 큰 머리를 가졌다고 말한다. 큰 머리를 가졌다는 걸 안

타까워하기보다는, 오히려 그런 사람들을 특별히 칭송한다. 마을 사람들은 큰 머리를 가진 사람을 추장으로 받들고, 큰 머리를 가진 사람은 어디를 가나 사람들 앞에서 공공연히 생각해야만 한다. 그러면 또 모든 사람들은 그 생각에 기뻐하고 경탄한다. 그러다가 큰 머리를 가진 사람이 죽기라도 하면 온 나라는 이내 슬픔에 잠기고, 자신들이 잃어버린 것을 아쉬워하는 한숨 소리로 가득 찬다. 사람들은 죽은 큰 머리를 가진 사람과 똑같은 모습을 바윗돌로 만들고, 그것을 모두가 볼 수 있는 마을 광장에다 세워 놓는다. 심지어 사람들은 돌 머리를 그가 살아 있을 때보다도 훨씬 크게 만든다. 온 나라 사람들이 그 큰 돌 머리를 바라보며 경탄하고, 자기 자신의 작은 머리에 대해 겸손한 마음으로 생각해 볼 수 있게끔 말이다.

"그런데 왜 그렇게 생각을 많이 합니까?"

이렇게 빠빠라기에게 물으면, 그들은 대답한다.

"바보 멍청이로 남아 있고 싶지도 않고, 그래서도 안 되기 때문이지요."

빠빠라기는 생각하지 않는 사람은 바보 멍청이라고 믿는다. 원래는 많이 생각하지 않고도 자신이 나아갈 길을 찾아내는 사람이 똑똑한 것인데 말이다.

하지만 내 생각에 그건 단지 구실에 불과할 뿐이며, 빠빠라기는 다른 어떤 못된 충동을 쫓고 있는 것 같다. 그들의 생각하기에 숨어 있는 본래 목적은 위대한 정신의 힘을 간파하는 것이다. 그들이 '인식'이라는 근사한 이름으로 내거는 행동 말이다. 인식이란 하나의 사물을 코앞 가까이, 아니 코로 꿰찌를 수 있을 만큼 눈 바로 앞에까지 들이대는 것을 뜻한다. 이처럼 모든 사물을 찔러 꿰뚫고 샅샅이 파헤치는 짓은 빼빼라기가 갖고 있는 멋대가리 없고 경멸스러운 욕망 가운데 하나이다. 그들은 지네를 잡아 작은 창으로 푹 찔러 보고는, 이내 다리 하나를 떼어 낸다.

"몸에서 떨어져 나온 다리는 어떻게 보일까?"
"그 다리는 어떻게 해서 몸에 붙어 있는 것일까?"

그들은 굵기를 검사하기 위해 떼어 낸 다리를 부러뜨린다. 그것이 중요하고, 본질인 것이다. 그들은 또 다리에서 모래알만 한 조각을 떼어 내, 기다란 대롱 아래에 놓는다. 이 대롱은 신비한 힘을 갖고 있어서, 두 눈이 훨씬 더 자세하게 볼 수 있게끔 도와준다. 이 크고 강한 눈을 가지고 그들은 눈물, 피부 부스러기, 머리카락 등 모든 것을 들여다본다. 그들은 이 모두를 더 이상 자르거나 나눌 수 없는 하나의 미세한 점이 될 때까지 잘게 자르고 나눈다. 그렇게 해서 얻게 되는 점은 비록 가장 작은 것이기는 하지만, 대부분 가장 중요한 것이기도 하다. 그 점이야말로 단지 위대한 정신만이 알고 있는 최고의 인식으로 들어가는 입구이기 때문이다.

그러나 이 입구는 빠빠라기에게도 입장이 금지되어 있다. 그래서 그들이 지닌 최고의 마법 눈을 가지고도 아직껏 그 입구 안을 들여다볼 수 없었다. 위대한 정신은 자신의 비밀을 알아내도록 결코 내버려 두지 않는다. 절대로 말이다. 그 누구도 두 다리를 받쳐 주는 야자나무보다도 더 높이 올라가지는 못한다. 나무 꼭대기에 다다르면 이제 그는 되돌아 내려와야 한다. 좀 더 높이 올라갈 수 있을 나무줄기가 없기 때문이다. 위대한 정신은 인간들의 호기심 또한 사랑하지 않는다. 그래서 위대한 정신은 모든 사물에다가 시작도 없고 끝도 없는 거대한 덩굴을 감아 놓았다. 그렇기에 모든 생각을 정확하게 탐지해 낸 자는 누구나 분명히 깨닫게 된다. 자신은 여전히 우둔할 뿐이며, 자신이 스스로 찾아내지 못한 대답을 결국엔 위대한 정신이 답하도록 맡겨야만 한다는 사실을 말이다. 가장 현명하고 용감한 빠빠라기는 이러한 사실을 인정한다. 그런데도 생각하기라는 병을 앓고 있는 대부분의 사람들은 끝내 헛된 욕심을 포기하지 못한다. 그래서 생각하기는 아직 아무도 발을 딛지 않았던 처녀림 속을 헤매고 있는 듯한 인간을 전혀 엉뚱한 길로 끌어들인다. 그들은 잘못 생각하고, 실제로 그러하듯 갑자기 인간과 동물을 더 이상 구분하지 못하게 된다. 그러면서 그들은 인간을 짐승이라고 하며, 짐승이 인간 같다고 주장한다.

그렇기 때문에 좋은 생각이든 나쁜 생각이든 상관없이, 모든 생각이 다 똑같이 얇고 하얀 종잇장 위로 미끄러져 들어간다는 것은 고약하고도 불행한 일이다. 그걸 두고 빠빠라기는 "생각이 인쇄된다."라고 말한다. 그 말은 생각이라는 병에 걸린 환자들이 생각하는 것이, 수많은 위대한 추장들의 손과 의지를 갖고 있는 아주 신비롭고도 경이로운 기계에 의해 종이 위에 그대로 기록된다는 것을 뜻한다. 그것도 한 번이나 두 번이 아니라, 언제나 똑같은 생각이 셀 수도 없을 만큼 여러 차례 인쇄된다. 그런 다음 생각을 담은 종이들은 한데 합쳐져 나라 안 방방곡곡으로 보내진다. 그렇게 한데 합쳐진 종이 묶음을 빠빠라기는 '책'이라고 부르는데, 그들은 그 책을 달콤한 바나나를 먹듯 게걸스럽게 먹어치운다. 그러고 나면 종이에 적힌 생각을 자기 것으로 받아들인 사람들 모두가 이내 똑같은 병에 전염되고 만다. 그런데도 책들은 움막마다 놓여 있고, 심지어 몇 궤짝씩이나 되는 책을 가득 쌓아 놓은 움막도 있다. 어린아이나 나이 든 사람이나 가릴 것 없이 쥐가 사탕수수를 쏠듯, 모두가 이 책들을 갉아먹는다. 그래서 제대로 자란 우리 사모아 형제들처럼 자연스러운 생각 속에서 건강하게 생각할 줄 아는 빠빠라기는 그다지도 적은 것이다.

　마찬가지로 아이들의 머릿속도 더 이상 아무것도 들어갈 수 없을 때까지 최대한 많은 생각들로 가득가득 채워진다. 아이들은 날마다 사각형의 책을 갉아먹도록 강요받는다. 단지 아주 건강한 사람만이 그 같은 생각을 떨쳐 버리거나, 자기 자신의 정신의 도움을 받아 그물 속을 빠져나오듯 그 같은 생각에서 벗어난다. 하지만 대부분의 사람들은 더 이상 빛조차 뚫고 들어갈 공간도 남아 있지 않을 만큼 많은 생각들로 가득 찬 자신의 머리에 짓눌려 힘겨워하고 있다. 빠빠라기는 그러한 상황을 가리켜 "정신을 함양한다."라고 말한다. 그리고 그러한 혼란함이 지속되는 상황은 '교육'이라는 이름 아래 곳곳에 널리 퍼져 있다.

교육이란 자신의 머릿속을 가능한 한 많은 지식으로 어느 곳 하나 빈 데 없이 채우는 것을 뜻한다. 그래서 교육을 받은 자는 야자나무의 높이, 야자열매의 무게, 그들 나라의 모든 대추장의 이름과 각각의 전쟁이 일어났던 시간들을 알고 있다. 그는 달과 별과 모든 나라들의 크기를 알고 있다. 그는 모든 강과 동물과 식물의 이름을 알고 있다. 그는 모든 것을, 거의 모든 것을 알고 있다. 교육받은 사람에게 질문을 던지면, 질문한 사람의 입이 채 닫히기도 전에 대답이 튀어나온다. 그의 머리는 언제나 탄약이 재워져 있고, 그래서 언제나 총알처럼 대답할 준비가 되어 있다. 유럽 사람들은 인생의 가장 아름다운 시기를, 자신의 머리를 가장 빨리 불을 토해 내는 통으로 만드는 데 허비한다. 그 같은 생각이라는 병에서 빠져나가려고 하는 자도 어쩔 수 없이 그러한 일을 강요받는다. 그래서 빠빠라기는 누구나 알아야만 하고 생각해야만 한다.

이 모든 생각이라는 병을 낫게 할 수 있을 단 하나의 치료 수단은 잊는 것이다. 하지만 생각을 내던지는 일은 훈련되어 있지 않다. 그래서 단지 몇몇 사람만이 그 일을 할 수 있을 뿐, 대부분의 사람들은 자신의 머릿속에 무거운 짐을 지고 돌아다닌다. 결국 무거운 짐을 지고 다니느라 그들의 몸뚱이는 지치고, 시간이 지나면 힘없이 시들고 만다.

그대들 생각하지 않는 형제들이여, 나는 그대들에게 이제껏 오직 진실만을 전해 주었다. 어떠한가? 우리가 정말로 빠빠라기를 본받고, 그들처럼 되기 위해 생각하는 법을 배워야만 한다고 생각하는가? 나의 대답은 분명하다. 그렇지 않다! 우리의 몸뚱이를 강하게 만들지 못하고, 우리의 마음을 더 기쁘고 더 행복하게 해 주지 못하는 것은 그 어느 것도 해서는 안 된다. 무엇보다도 우리에게서 삶의 기쁨을 빼앗아 갈지도 모르는 것들을 조심해야 한다. 무엇보다도 우리의 정신을 어둡게 하고 우리의 정신에서 밝은 빛을 빼앗아 가는 것들을 조심해야 한다. 무엇보다도 우리의 머리가 우리의 몸과 서로 싸우게끔 만드는 것들을 조심해야 한다. 생각하기는 큰 병이며, 인간의 가치를 그만큼 더 작게 만든다는 사실을 빠빠라기가 그들 자신의 모습을 통해 우리에게 보여 주고 있기 때문이다.

빠빠라기는 우리를 자신들의
어둠 속으로 끌어들이려 한다

　사랑하는 형제들이여, 우리 모두가 어둠 속에 앉아 하느님의 말씀에서 솟아 나오는 빛을 알지 못하고 살던 때가 있었다. 그때만 해도 우리는 마치 자기 움막을 찾지 못하는 어린아이처럼 길을 잃고 헤매었다. 그때만 해도 우리의 가슴은 커다란 사랑을 알지 못했고, 우리의 귀는 귀머거리처럼 하느님의 말씀을 듣지 못했다.
　빠빠라기는 그런 우리에게 빛을 가져다주었다. 그들은 우리에게 찾아왔고, 우리를 우리의 어둠 속에서 해방시켜 주었다. 그들은 우리를 하느님에게로 안내했고, 우리에게 하느님을 사랑하는 법을 가르쳐 주었다. 우리는 그들이 하느님이라고 부르는 빛을 전해 준 이라며, 그리고 그들이 하느님을 대신해 말씀을 전한다며 그들을 존경했다. 우리는 빠빠라기가 우리의 형제임을 알아보고 그들을 우리의 형제로 대해 주었다. 그들이 우리의 땅을 밟는 것을 막지 않았고, 같은 아버지를 둔 자식인 그들에게 진실한 마음으로 모든 열매와 모든 먹을 것을 나누어 주었다.

백인들은 우리에게 애써 하느님의 말씀을 전하는 가운데, 우리가 철부지 어린아이처럼 그들의 가르침을 고집스럽게 거부할 때조차도 결코 짜증을 내거나 불쾌한 기색을 드러내지 않았다. 그들이 우리를 위해 견뎌 내고 극복해야만 했던 그 모든 노고와 어려움에 대해 감사한다. 그리고 언제까지고 우리에게 빛을 전해 준 고마운 이들로 그들을 칭송하고, 그들에게 경의를 표하고자 한다. 빠빠라기 선교사는 우리에게 제일 먼저 하느님이 누구인지를 가르쳤다. 그러고는 참된 신의 특성을 갖고 있지 못하다는 이유로 그들이 우상이라고 부르던 우리의 오래된 신들에게서 우리를 벗어나게 도와주었다. 그렇게 해서 우리는 밤하늘의 별과 불의 힘과 바람의 힘을 숭배하던 짓을 그만두었다. 그렇게 해서 우리는 하늘에 있는 위대한 자인 그들의 신의 품에 안겼다.

하느님이 가장 먼저 한 일은, 빠빠라기를 통해 우리에게서 온갖 종류의 무기들을 거둬 간 것이다. 그 후로 우리는 착한 그리스도인으로서 서로서로 평화롭게 살았다. 서로를 사랑해야 하며 서로를 죽여서는 안 된다는 하느님의 가장 엄한 명령을 나와 그대들 모두가 알게 되었기 때문이다. 우리는 가지고 있던 무기를 모두 내주었고, 그 후로 어떤 전쟁도 우리들의 섬을 더 이상 황폐하게 만들지 못했다. 우리는 서로가 서로를 자신의 형제로서 존중했다. 우리는 하느님이 내린 명령이 옳다는 걸 깨달았다. 일찍이 커다란 소란이 지배하고 끔찍한 일들이 꼬리에 꼬리를 물고 이어지던 사모아의 마을 모두가 이제는 평화로이 살아가고 있기 때문이다. 비록 우리들 모두의 가슴이 위대한 하느님과 그의 사랑으로 가득 채워져 있는 것은 아니다. 그럴지라도 빠빠라기의 신을 이 세상의 가장 위대한 추장이자 가장 위대한 지배자로 받아들인 후, 우리의 마음이 더욱 커지고 더욱 강해졌다는 걸 우리 모두는 진심으로 고마워한다. 존경하고 감사하는 마음으로, 우리는 우리를 사랑으로 더욱 강하게 만들고 위대한 정신으로 점점 더 채워 주는 하느님의 지혜롭고 위대한 말씀에 귀를 기울인다.

이미 말했듯, 빠빠라기는 우리에게 가장 훌륭한 빛을 가져다 주었다. 그 빛은 우리의 가슴속으로 옮겨붙었고, 우리의 마음을 기쁨과 감사함으로 가득 채워 주었다. 빠빠라기는 우리들보다도 먼저 그 빛을 누렸다. 우리들 가운데 제일 나이 많은 형제가 아직 이 세상에 태어나기도 전, 그들은 이미 그 빛 한가운데에 서 있었다. 하지만 그들은 그 빛을 길게 내뻗은 손에 들고 있다. 그래서 그 빛은 오직 다른 사람들만을 비춰 줄 뿐, 정작 그들 자신과 그들의 몸뚱이는 캄캄한 어둠 속에 서 있다. 비록 그들의 입은 하느님의 이름을 부르지만, 그들의 가슴은 하느님으로부터 멀리 떨어져 있다. 그건 다 그들이 두 손으로 빛을 들고 서 있기 때문이다.

수많은 섬의 사랑하는 형제들이여, 내가 그대들에게 이러한 사실을 전해야만 하는 지금 이 순간, 그 어느 것도 나를 더 힘들게 하지 못하고, 그 어느 것도 나의 가슴을 더 큰 슬픔으로 채우지는 못한다. 하지만 우리는 결코 빼빼라기의 말에 속아 넘어가서도 안 되고, 그러려고 해서도 안 된다. 그들은 우리를 자신들이 처한 어둠 속으로 끌어들이려 하고 있기 때문이다. 그들은 우리에게 하느님의 말씀을 가져다주었다. 하지만 그들 자신은 하느님의 말씀과 가르침을 이해하지 못했다. 그들은 하느님의 말씀과 가르침을 입과 머리로는 이해했지만, 몸뚱이로는 깨닫지 못했다. 그들은 어디를 가건 자신에게서 빛이 반사되어 나오고, 모든 것이 자신의 가슴에서 뻗어 나오는 빛으로 반짝인다고 말한다. 하지만 그 빛은 그들의 몸뚱이 속으로 파고들지 못했다. 사랑이라고도 부를 수 있을 그 빛은 말이다.

빼빼라기는 심지어 자신의 말과 몸뚱이 사이에 존재하는 이러한 거짓을 더 이상 느끼지도 못한다. 어떤 빼빼라기도 더 이상은 자신의 가슴으로 하느님의 말씀을 전할 수 없다는 것만 보아도, 우리는 그 같은 사실을 확인할 수 있다. 하느님의 말씀을 전할

때면 그들은 피곤하다는 듯, 아니면 그 말이 자신과는 아무 관계도 없다는 듯 얼굴을 찡그린다. 백인들은 누구나 자신이 하느님의 자식이라고 자처하며, 그러한 믿음을 이 세상의 추장들이 책에 적어 놓은 것을 통해서도 증명할 수 있다고 말한다. 그들 모두가 커다란 사랑을 받았고 하느님을 알고 있지만 그들에게는 하느님이 낯설기만 하다. 하느님을 기리기 위해 지어 놓은 크고 웅장한 움막에서 하느님에 관해 말하도록 임무를 부여받은 사람들조차 하느님을 가슴속에 받아들이지 못했고, 그들이 하는 말은 바람을 타고 이내 허공 속으로 사라져 버린다. 그들은 자신이 하는 말을 하느님으로 채우지 못한다. 그들이 내뱉는 말은 바위에 부딪치는 파도와도 같다. 그래서 그들이 끊임없이 말을 쏟아 낸다 할지라도, 그들이 하는 말에 귀를 기울이는 사람은 더 이상 아무도 없다.

  내가 이렇게 말을 하더라도 하느님은 내게 화를 내지 않을 것이다. 밤하늘의 별과 불을 숭배하던 시절에도, 많은 섬의 우리 형제들이 지금의 빠빠라기보다 더 큰 잘못을 저지르지는 않았다. 우리는 빛을 알지 못해 잘못을 저질렀고, 빛을 알지 못해 어둠 속에서 살았기 때문이다. 하지만 빠빠라기는 빛을 알면서도 어둠 속에 머무르며 잘못을 저지른다. 가장 나쁜 것은, 자신들을 하느님의 자식이요 그리스도인이라고 칭한다는 점이다. 불꽃을 하나 들고 있으니 자신들이야말로 불 자체라고 주장하며, 우리가 그 말을 믿게 만들려 한다는 사실이다.

빠빠라기는 하느님을 거의 생각하지 않는다. 폭풍우에 휘말리거나 삶의 불꽃이 꺼져 가려 할 때쯤에야 비로소 자기를 좌지우지하는 힘이 존재하고, 자기보다 더 높은 추장들이 있다는 걸 기억해 낸다. 낮 동안에는 하느님은 성가시기만 하고, 이상야릇한 즐거움과 기쁨에 빠져드는 걸 방해하는 귀찮은 존재일 뿐이다. 그들은 그런 즐거움과 기쁨을 쫓는 자신들이 결코 하느님의 마음에 들지 않으리라는 걸 잘 알고 있다. 그리고 하느님의 빛이 정말로 자기 안에 존재한다면, 부끄러워 차마 얼굴을 들지 못할 것이란 사실도 잘 알고 있다. 증오와 탐욕과 적대감만이 그들을 가득 채우고 있기 때문이다. 그들의 가슴은 크고 뾰족한 갈고리가 되었다. 어둠을 몰아내고 모든 것을 밝게 비추며 따뜻하게 데워 주는 빛이 되는 대신, 남의 것을 빼앗기 위한 갈고리가 되고 말았다.

빠빠라기는 스스로를 그리스도인이라고 부른다. 그리스도인, 가장 아름다운 노래처럼 듣기 좋은 말이다. 오! 영원토록 우리가 스스로를 그리스도인이라고 부를 수 있었으면 좋겠다. 그리스도인이 된다는 것은 먼저 위대한 하느님과 자신의 형제들을 향한 사랑을 품는 것, 그리고 그런 다음에 비로소 자기 자신에 대한 사랑을 품는 것을 의미한다. 착한 일을 행하는 것을 뜻하는 사랑은 피처럼 우리 몸 안을 흘러야 하며, 머리와 손과 마찬가지로 우리와 완전히 하나가 되어야 한다. 빠빠라기는 하느님, 그리스도인, 사랑이라는 말을 단지 입으로만 떠벌린다. 혀를 놀려 그것들을 말하며 야단법석을 떨어 댄다. 하지만 그들의 가슴과 사랑은 하느님 앞에 고개 숙이지 않는다. 그들은 그 대신 동그란 쇠붙이와 값진 종이, 물건들, 쾌락의 생각, 기계 앞에 고개 숙인다. 그들을 채우고 있는 것은 빛이 아니라, 자기의 시간에 대한 지나친 인색함과 직업이라는 어리석은 짓이다. 거짓된 삶의 공간을 열 번 찾아가는 동안, 하느님은 거의 한 번도 찾아가지 않는다.

 사랑하는 형제들이여! 하느님 이외의 다른 어떤 것을 숭배하고, 그것을 가장 사랑하며 가슴속에 품는 것을 우상이라고 한다면, 오늘날 빠빠라기는 일찍이 우리가 갖고 있던 것보다도 더 많은 우상을 갖고 있다. 빠빠라기의 가슴속에 있는 것 가운데 그들이 가장 사랑하는 것은 하느님이 아니다. 그렇기 때문에 그들은 하느님의 의지대로 행하는 대신, 악마의 뜻을 따른다. 나의 생각을 말하자면, 빠빠라기는 아무래도 일종의 물물교환을 위해 우리에게 하느님의 말씀을 가져다주었던 것 같다. 그리고 그 대가로 우리의 열매와 우리나라에서 가장 크고 아름다운 지역을 자기 것으로 만든 것이다. 나는 그들이 충분히 그랬으리라는 걸 의심하지 않는다. 빠빠라기의 가슴속에서 온갖 더러움과 온갖 죄악을 보았기 때문이다. 하느님은 빠빠라기보다는 그들이 야만인이라고 부르는 우리를 더욱 사랑한다는 걸 알았기 때문이다. 야만인이란 몸뚱이에 동물의 이빨만 매달고 다닐 뿐, 심장도 붙어 있지 않은 인간들을 뜻한다. 하지만 하느님은 빠빠라기의 눈 안으로 들어가, 그들의 눈을 강제로 뜨게 하여 보도록 만든다. 그러고는 말한다.

"너희들 하고 싶은 대로 하여라. 나는 너희들에게 이제 어떠한 명령도 내리지 않을 것이다."

백인들은 하느님을 떠나갔고, 자신들의 본색을 드러냈다. 이 얼마나 부끄럽고 끔찍한 일인가! 그들은 능숙하게 혀를 굴려 자신만만한 말로 우리에게서 무기를 거두어 가며 하느님의 이름으로 말했다.

"서로를 사랑하라!"

그런데 지금은 어떠한가? 형제들이여, 그대들 또한 하느님도 없고 빛도 없으며 사랑도 없는 사건과 끔찍한 보도들을 듣는다. 유럽은 자멸하고 있다. 빠빠라기는 미쳐 날뛴다. 한 사람이 다른 사람을 죽인다. 눈에 보이는 모든 것이 피와 끔찍함과 부패이다. 빠빠라기는 마침내 고백한다.

"내 안에는 하느님이 없다."

그들이 손에 들고 있던 불꽃은 꺼져 간다. 칠흑 같은 어둠이 그들의 길 위에 드리워지고, 큰 박쥐가 날갯짓하는 소리와 부엉이의 울음소리만이 들려온다.

형제들이여! 하느님의 사랑은 나를 가득 채우고, 그대들을 향한 사랑을 일깨운다. 그리하여 내게 작은 목소리를 주었고, 그 목소리로 내가 그대들에게 말한 모든 것을 전하게 했다. 우리는 계속해서 우리 자신으로 남아 있어야 한다. 빠빠라기의 빠르고 교활한 혀 놀림에 굴복해서는 안 된다. 그들이 우리에게 다가올 때면, 두 손을 내저으며 소리치자.

"더 이상 시끄럽게 말하지 말라! 그대의 말은 바닷가 바위에 부딪는 파도 소리요, 야자나무 잎을 스치는 살랑거림일 뿐이다. 그러니 아무 말도 하지 말라. 그대의 얼굴이 기쁘고 강하지 못하며 두 눈이 반짝이지 않는 한, 말하지 말라. 하느님의 모습이 빛나는 태양처럼 그대의 가슴에서 뻗어 나오지 않는 한, 더 이상 아무 말도 말하지 말라."

나아가 마음을 다잡고, 그들을 향해 소리치자.

"그대의 기쁨과 쾌락, 재물을 거머쥐려는 걷잡을 수 없는 탐욕의 손길과 생각, 다른 형제보다 더 나은 사람이 되겠다는 욕심, 수많은 무의미한 행동들, 그대들의 손이 만들어 내는 혼란, 아무것도 알지 못하는 지식과 호기심으로 가득 찬 생각들이여. 자리에 누워 자면서조차 편히 쉬게 하지 못하는 그대의 그 모든 어리석음과 함께 우리 곁에서 떠나가라. 우리에게는 그 모두가 필요 없다. 하느님은 우리에게 수많은 고귀하고 아름다운 기쁨을 선물했고,

그것이면 우리는 충분하다."

　하느님이여! 우리가 빛을 보지 못해 길을 잃고 헤매지 않도록 도와주소서. 모든 길을 훤히 밝혀, 우리가 그 빛 속에서 나아가며 하느님의 장엄한 빛을 우리 안에 받아들이도록 도와주소서. 우리가 서로를 사랑하며, 가슴으로 수많은 사랑의 인사를 나누게 도와주소서.

옮긴이의 글

에리히 쇼이어만 선생님께

안녕하세요? 저는 대한민국에 살고 있는 김완균이라고 합니다.

지난해 12월, 해와나무 출판사로부터 선생님의 책 《빠빠라기》를 한국어로 번역해 달라는 부탁을 받고 선생님과 선생님의 책을 처음 접하게 되었습니다.

우리나라에 이미 소개되어 있는 책이라는 이야기를 듣고, 사실 처음에는 많이 망설였습니다. 이미 다른 분들이 많은 공을 들여 흠잡을 데 없이 훌륭하게 우리말로 옮겨 소개한 마당에, 제가 뒤늦게 뛰어들어 또 하나의 번역본을 추가하는 게 무슨 의미가 있을까 싶어서 말입니다. 더욱이 먼저 작업했던 다른 분들보다 더 나은 번역을 내놓을 자신도 없었고 말입니다.

하지만 검토 삼아 《빠빠라기》를 읽어 나가며, 저는 마음을 고쳐먹었습니다. 이 정도 책이라면 지금이라도 한번쯤 번역해 볼 만하겠다고 말입니다. 그런 제 가슴속에는 아울러 이 책을 제가 직접 옮긴 우리글로 우리 아이들에게 읽게 해 보고 싶다는 욕심도 생겨났습니다.

참! 선생님도 저처럼 독일의 어느 출판사로부터 남태평양에 관한 이야기를 써 달라는 부탁을 받고 일종의 여행기인 《빠빠라기》를 쓰시게 되었다지요?

제가 듣기로는, 선생님은 1915년 당시 독일의 식민지였던 폴리네시아 서사모아의 티아베아에서 1년 가까이 머무르셨다고 하더군요. 또 그곳에서 살던 동안 투이아비 추장을 만나게 되었고, 투이아비 추장이 자신의 사모아 형제들에게 전하는 연설문을 우연히 접하게 된 뒤 이를 독일어로 옮겨 유럽의 독자들에게 소개했고 말입니다.

사실 투이아비 추장이 생생하게 묘사하는 유럽 인들의 삶의 모습과 문명의 실체를 접했다면, 선생님이 아니라 저라도 아마 당장 그렇게 하고 싶었을 겁니다. 더구나 유럽 인들이 일상적이고도 당연한 것으로만 받아들이는 옷, 집, 돈, 직업, 생각, 신문, 사고방식 그리고 세계관 등에 대해 강력하게 경고하는 투이아비 추장의 목소리를 대하면서는 온몸에 소름이 끼치기까지 했지요.

선생님도 말씀하셨지만, 이 연설문을 읽어 나가는 동안 우리들은 무엇보다도 투이아비 추장의 눈을 빌려 거울에 비친 우리들 자신의 모습을 보게 될 것입니다. 우리들에게는 이제 더 이상 존재하지 않는 그만의 관점을 통해서 말입니다. 물론 어떤 사람들은 투이아비 추장의 세상을 바라보는 방식이 어린아이처럼 너무 유치하고 단순하다고 생각할지도 모릅니다. 하지만 '나는 진정 누구인가?'라는 문제에 대해 평소 조금이라도 진지하게 고민해 본 사람이라면, 아마도 투이아비 추장이 하는 말 가운데 많은 것들에 고개를 끄덕이고, 나아가 자기 자신을 돌아보게 될 계기를 갖게 될 게 분명합니다.

그나저나 선생님의 책을 읽어 나가며, 몇 가지 궁금증이 들었습니다. 먼저, 투이아비 추장은 어떻게 해서 유럽에 관해 그처럼 대단히 많은 것들을 알게 되었을까 하는 것이었습니다. 물론 그 같은 의문은 책을 읽기 시작한 지 얼마 지나지 않아 저절로 풀렸지요. 선생님이 말씀하신 바에 따르면 투이아비 추장은 당시 유럽에서 대단한 인기를 끌었던 인종 박람회의 일원으로 유럽을 방문했으며, 그 일을 계기로 유럽의 실상을 몸소 경험하고 그 체험담을 연설문 형식을 빌려 이야기하게 된 것이더군요.

하지만 두 번째 궁금증은 아직까지도 해결되고 있지 않습니다. 뭐가 그리 궁금하냐고요? 이런 말씀을 드린다는 게 좀 계면쩍기도 하고 쑥스럽기도 하지만, 그래도 이왕 말을 꺼냈으니 끝을 내야겠지요.

투이아비 추장이 실제 인물입니까, 아니면 선생님이 문학적 상상력으로 만들어 낸 가상의 인물입니까?

저의 엉뚱하다 싶은 질문을 받고, 그곳 하늘나라에서 화를 내기보다는 빙그레 미소 짓고 계실 선생님의 모습이 눈앞에 선합니다. 어쨌든 제가 왜 그런 의문을 품게 되었는지부터 말씀드리지요. 마지막 쪽을 읽고 책을 덮는 순간, 제게는 남태평양의 어느 추장이 유럽을 여행한 것이 아니라, 선생님이 남태평양의 사모아를 방문했던 사실이 이 책을 탄생시키는 데 결정적인 역할을 했으리라는 생각이 어렴풋이 들었습니다. 이처럼 막연한 제 추측의 근거로는, 무엇보다도 이 글에서는 사모아 인들의 생활 방식이나 삶과 문화에 관한 이야기보다는 오히려 어린아이처럼 순진하고 단순해 보이는 생각과 표현을 토대로, 유럽 문화에 대한 비판이 주로 다루어지고 있다는 사실을 들 수 있을 것입니다. 아울러 이러한 문명 비판을 통해 사모아 원주민들의 지혜를 '단순 소박한 것'으로 규정하던 당시 유럽 인들의 전형적인 사고방식이 그대로 드러난다는 점 또한 그러한 제 추측에 날개를 달아 줍니다.

결국 《빠빠라기》에서 선생님은 사모아의 인간과 삶을 관찰하는 것이 아니라, 지상의 낙원이라 인식된 사모아에 관한 유럽인의 전형적인 사고방식을 대신해서 말씀하고 계십니다. 낯선 곳을 여행하는 선생님의 눈에는 사모아에서 펼쳐지는 인간과 삶의 세계 대신에, 오직 투이아비 추장의 관점에서 바라보는 유럽의 일상 세계만이 비쳐집니다. 외람된 말씀일지 모르겠지만, 선생님은 투이아비 추장이 그토록 경계했던 '생각이라는 큰 병' 속에 빠져 계신 것입니다. 그래서 배를 타고 여행을 하면서도 주변의 경치나 경관을 보지 못한 채, 오직 자신의 생각 속에만 빠져 있는 어느 젊은이의 모습을 떠올리게 됩니다. 그렇게 해서 투이아비 추장이 제시하는 문명 비판은 선생님이 살아생전에 지니고 계셨을 세계관을 보여 주는 것처럼만 여겨지는 것입니다.

사실 처음에는 티아베아 마을의 투이아비 추장이라는 실존 인물이 이 책을 썼다고만 굳게 믿고 있었습니다. 하지만 책을 읽기 시작한 지 얼마 지나지 않아, 이미 말씀드린 이유들로 인해 저는 문득 투이아비 추장이 어쩌면 선생님의 분신이며, 선생님이 서문에서 밝히고 있는 바는 단지 거울에 비친 우리 자신의 모습을 보여 주기 위해 고안해 낸 장치일지도 모른다는 생각을 하게 되었습니다.

어쨌거나 분명한 것은, 《빠빠라기》가 우리들에게 문명과 동떨어진 채 살아가고 있는 사모아 원주민들의 '다른' 생각과 관점에 대해 생각해 볼 만한 계기를 마련해 준다는 사실입니다. 이 책은 그 어느 때보다도 강력하게 전 세계를 좌지우지하고 있는 서구 문명의 삶의 방식에 대해 한번쯤 진지하게 생각해 보게 만드는 목

소리를 담고 있습니다. 투이아비 추장의 연설은, 오늘날 많은 사람들이 얼굴에 쓰고 있는 가면을 벗겨 내면서, 행복하고 조화로운 삶이라는 인간의 궁극적인 목표로 다가가는 길을 안내해 주고 있는 것입니다.

오늘날 우리가 당연한 것으로만 받아들이고, 그 참된 의미를 더 이상 깊이 생각해 보려 하지 않는 많은 것들이 투이아비 추장에 의해 유머러스하면서도 분명하게 묘사됩니다. 낯선 이와의 만남을 통해 우리는 종종 우리 자신의 모습을 발견합니다. 낯선 이가 낯설게 느껴지면 느껴질수록 우리가 우리 자신의 삶과 생각과 행동 방식을 되돌아볼 수 있는 가능성은 점점 더 커집니다. 그렇기에 《빠빠라기》는 자신의 참모습을 돌아보려는 많은 이들에게 도움을 줄 수 있을 것입니다.

그곳 하늘나라에서 편히 쉬고 계실 선생님께, 제 난데없는 편지가 혹여 방해가 된 것은 아닌지 못내 걱정이 됩니다. 저는 그저 고맙다는 말씀을 드리려고 했을 뿐입니다. 모쪼록 선생님께서 넓은 마음으로 제 무례함을 이해해 주시기만을 바랍니다.

안녕히 계십시오.

2009년 여름, 대한민국 서울에서
김완균 올림